INTERVENCIONISMO

UMA ANÁLISE ECONÔMICA

Coleção von Mises

01 - As Seis Lições: Reflexões sobre Política Econômica para Hoje e Amanhã
02 - O Contexto Histórico da Escola Austríaca de Economia
03 - O Conflito de Interesses e Outros Ensaios
04 - Lucros e Perdas
05 - O Cálculo Econômico em uma Comunidade Socialista
06 - Liberdade e Propriedade: Ensaios sobre o Poder das Ideias
07 - A Mentalidade Anticapitalista
08 - Sobre Moeda e Inflação: Uma Síntese de Diversas Palestras
09 - Caos Planejado: Intervencionismo, Socialismo, Fascismo e Nazismo
10 - Intervencionismo: Uma Análise Econômica
11 - O Marxismo Desmascarado: Da Desilusão à Destruição
12 - Crítica ao Intervencionismo: Estudo sobre a Política Econômica e a Ideologia Atuais
13 - Os Fundamentos Últimos da Ciência Econômica: Um Ensaio sobre o Método
14 - Burocracia
15 - O Livre Mercado e seus Inimigos: Pseudociência, Socialismo e Inflação
16 - Liberalismo: Segundo a Tradição Clássica
17 - Teoria e História: Uma Interpretação da Evolução Social e Econômica
18 - Governo Onipotente: A Ascenção do Estado Total e da Guerra Total
19 - Problemas Epistemológicos da Economia
20 - Nação, Estado e Economia: Contribuições para a Política e a História de nossa Época

LUDWIG VON MISES

INTERVENCIONISMO

UMA ANÁLISE ECONÔMICA

Edição e Prefácio à Edição Norte-Americana por Bettina Bien Greaves
Tradução e Prefácio à Edição Brasileira por Douglas Stewart Jr.
Apresentação à 3ª Edição Brasileira por Murray N. Rothbard
Prefácio à 3ª Edição Brasileira por Alexandre Borges
Posfácio à 3ª Edição Brasileira por Fabio Barbieri

3ª Edição Revista e Ampliada

LVM

Impresso no Brasil, 2018

Título original: *Interventionism: An Economic Analysis*

Os direitos desta edição pertencem ao
Instituto Ludwig von Mises Brasil
Rua Leopoldo Couto de Magalhães Júnior, 1098, Cj. 46
04.542-001. São Paulo, SP, Brasil
Telefax: 55 (11) 3704-3782
contato@mises.org.br · www.mises.org.br

Editor Responsável | Alex Catharino
Curador da Coleção | Helio Beltrão
Tradução | Donald Stewart Jr.
Tradução da apresentação e dos anexos | Claudio A. Téllez-Zepeda
Revisão da tradução | Márcia Xavier de Brito
Revisão ortográfica e gramatical | Carlos Nougué & Márcio Scansani
Revisão técnica e Preparação de texto | Alex Catharino
Elaboração do índice remissivo | Márcio Scansani
Revisão final | Alex Catharino, Márcia Xavier de Brito & Márcio Scansani
Produção editorial | Alex Catharino & Márcia Xavier de Brito
Capa e projeto gráfico | Rogério Salgado / Spress
Diagramação e editoração | Spress Diagramação
Pré-impressão e impressão | Edigráfica

Dados Internacionais de Catalogação na Publicação (CIP)
Angélica Ilacqua CRB-8/7057

M678s
Von Mises, Ludwig, 1881-1973
Intervencionismo: uma análise econômica/Ludwig von Mises; edição e prefácio à edição norte-americana por Bettina Bien Greaves; tradução e prefácio à edição brasileira por Donald Stewart Jr.; apresentação à 3ª.ed. brasileira por Murray N. Rothbard; prefácio à 3ª.ed. brasileira por Alexandre Borges; posfácio à 3ª.ed. brasileira por Fabio Barbieri. – 3ª. ed. rev. e atual. – São Paulo: LVM, 2018; Coleção von Mises.

312 p.

ISBN: 978-85-93751-56-1
Título original: Interventionism: An Economic Analysis

1. Economia 2. Política econômica 3. Planejamento econômico centralizado 4. Estado 5. Mercado 6. Liberdade I. Título II. Greaves, Bettina Bien III. Stewart Jr., Donald IV. Rothbard, Murray N. V. Borges, Alexandre VI. Barbieri, Fabio

18-2074 CDD 330.1

Índices para catálogo sistemático:
1. Economia 330.1

Intervencionismo
Uma Análise Econômica

Sumário

A presente edição em português do livro *Intervencionismo: Uma Análise Econômica* de Ludwig von Mises (1881-1973) mantém a tradução original em português elaborada por Donald Stewart Jr. (1931-1999), lançada pela primeira vez, em 1999, pelo Instituto Liberal (IL) e reeditada, em 2010, pelo Instituto Ludwig von Mises Brasil (IMB). O livro foi traduzido a partir da primeira edição norte-americana de um manuscrito inédito do autor, escrito entre 1940 e 1941, organizado e editado após a morte do economista austríaco por sua assistente Bettina Bien Greaves e publicado, em 1998, com o título *Interventionism: An Economic Analysis*, pela Foundation for Economic Education (FEE).

Nesta terceira edição revista e ampliada do livro existem diversas alterações consideráveis em relação ao texto publicado nas duas versões

Nota à 3ª Edição Brasileira

anteriores pelo IL ou pelo IMB, contudo foram mantidos os prefácios tanto da organizadora e editora do manuscrito quanto do tradutor, bem como as notas elaboradas por Bettina Bien Greaves e por Donald Stewart Jr., que são assinaladas, respectivamente, como (N. O.) e como (N. T.). A tradução em português foi cotejada por Márcia Xavier de Brito com a nova edição norte-americana, revisada pela própria Bettina Bien Greaves e lançada, em 2010, pelo Liberty Fund (LF). O texto foi cuidadosamente revisado por Carlos Nougué e por Márcio Scansani, o que acarretou em algumas mudanças ortográficas e gramaticais. Por fim, tal como nos demais títulos da "Coleção von Mises", acreditamos ter sido necessário incluir algumas notas de rodapé, elaboradas por nós e devidamente sinalizadas como Notas do Editor (N. E.).

O livro nesta terceira edição foi acrescido de mais alguns textos de outros autores. Com o título "Intervencionismo, o mais importante e urgente alerta de Mises para o Brasil", um novo prefácio foi escrito com exclusividade por Alexandre Borges. Como posfácio utilizamos uma versão revisada pelo autor do estudo "A Teoria Austríaca do Intervencionismo" de Fabio Barbieri, publicado originalmente no periódico acadêmico *MISES: Revista Interdisciplinar de Filosofia, Direito e Economia* (Volume I, Número 1, janeiro-junho de 2013, p. 75-86). Como apresentação utilizamos a tradução do inglês para o português, feita por Claudio A. Téllez-Zepeda, do ensaio "Mises and the Role of the Economist in Public Policy", escrito por um dos mais importantes discípulos de Ludwig von Mises, o economista norte-americano Murray N. Rothbard (1926-1995), e lançado pela primeira vez como um dos capítulos da coletânea *The Meaning of Ludwig von Mises: Contributions in Economics, Sociology, Epistemology, and Political Philosophy* (Norwell: Kluwer Academic Publishers / Ludwig von Mises Institute, 1993. p. 193-208), organizada por Jeffrey M. Herbener. Um novo índice remissivo e onomástico foi acrescido, no qual, além de conceitos, são abarcados nomes próprios de pessoas, títulos de obras, locais e instituições.

Não poderíamos deixar de expressar aqui, em nome de toda a equipe do IMB e da LVM, o apoio inestimável que obtivemos ao longo da elaboração da presente edição de inúmeras pessoas, dentre as quais destaco os nomes de Llewellyn H. Rockwell Jr., Joseph T. Salerno e Judy Thommesen do Mises Institute, e de Emilio J. Pacheco, Patricia A. Gallagher e Leonidas Zelmanovitz do Liberty Fund.

Alex Catharino
Editor Responsável da LVM

"Nos dias de hoje, todos os governos que não adotam explicitamente o socialismo tendem a ser intervencionistas, e todos os partidos políticos recomendam pelo menos algum grau de intervenção".

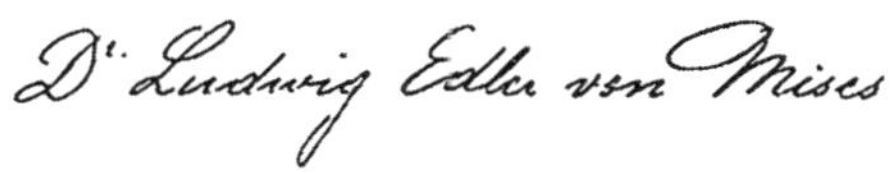

Ao contemplar a vida e careira de Ludwig von Mises (1881-1973), somos impactados pela nobreza de grandiosidade, bem como pela alta coragem de sua luta solitária e de toda uma vida pela causa da verdade e do *laissez-faire*[1]. É fácil defender o livre mercado agora, depois que a análise profética de Mises, realizada há quase setenta anos, mostrou-se correta para praticamente todos. Pois o socialismo está colapsando por todo o mundo e mesmo os próprios socialistas têm reconhecido o fracasso profundo do seu prezado sistema econômico e social. É fácil para qualquer um seguir o curso dos eventos e unir-se às opiniões dominantes. Mas o que foi que levou

[1] ROTHBARD, Murray N. *Ludwig von Mises: Scholar, Creator, Hero*. Auburn: The Ludwig von Mises Institute, 1988.

Apresentação à 3ª Edição Brasileira

Mises e o Papel do Economista na Política Pública

Murray N. Rothbard

Mises a adotar uma postura de clara oposição tanto com respeito à opinião intelectual quanto à popular, e a empreender sua luta solitária e aparentemente fadada ao fracasso até o fim?

Em última análise, obviamente, nenhuma pessoa de fora, nenhum historiador, nenhum psicólogo pode explicar completamente o mistério da livre escolha dos valores e ações de cada indivíduo. Não há maneira de entender totalmente por que um homem posiciona suas velas para aproveitar os ventos correntes, por que "acompanha para se dar bem", como diz a frase infame, enquanto um outro persegue e defende a verdade independentemente do custo. Podemos apenas considerar a nobreza da vida e das ações de Ludwig von Mises como algo exemplar, como uma inspiração e orientação para todos nós.

Podemos, no entanto, discutir certos problemas intelectuais que aparecem quando consideramos que Mises era um paladino apaixonado do *laissez-faire* e um crítico militante da onda crescente de estatismo e coletivismo. Primeiramente, podemos ponderar o que poderia se chamar de "Problema de Rappard", levantado em uma *Festschrift* por Mises e por seu amigo próximo e colega, William E. Rappard (1883-1958), diretor do *Graduate Institute of International Studies* [Instituto Universitário de Altos Estudos Internacionais] em Genebra[1]. Mises era utilitarista e não acreditava na existência de uma ética racional ou objetiva. De fato, a maior parte dos economistas dos dois últimos séculos têm sido utilitaristas. A maior parte dos utilitaristas, contudo, assumem uma perspectiva cautelosa e *ad hoc* para a política pública, baseada em análise de custo/benefício. Ao mesmo tempo, evitam os compromissos amplos e abrangentes com políticas, que são mais característicos daqueles que acreditam em uma ética absoluta ou objetiva para as questões públicas. Em outra parte, fui crítico da adequação da solução de Mises para este problema: Mises, enquanto economista utilitarista, aceita fins sociais comuns – isto é, abundância e prosperidade, enquanto a liberdade e os direitos de propriedade contribuem para avançar nessas direções[2]. Entretanto, minha preocupação aqui não é aprofundar essa crítica, mas sim ponderar como Mises, *enquanto pessoa*, poderia continuar a lutar com tanta paixão diante da rejeição social generalizada

---

[1] RAPPARD, William E. "On Reading von Mises". *In*: SENNHOLZ, M. (Ed.). *On Freedom and Free Enterprise: Essays in Honor of Ludwig von Mises*. Princeton: D. Van Nostrand, 1956. p. 17-33.

[2] Ver: ROTHBARD, Murray N. *The Ethics of Liberty*. Atlantic Highlands: Humanities Press, 2nd ed., 1983. p. 205-13. [Em língua portuguesa a obra está disponível na seguinte edição: ROTHBARD, Murray N. *A Ética da Liberdade*. Intr. Hans-Hermann Hoppe; trad. Fernando Fiori Chiocca. São Paulo: Instituto Ludwig von Mises Brasil, 2010. p. 275-90. (N. E.)].

de seus argumentos e de toda a sua visão de mundo. A bem conhecida "intransigência" de Mises brilha com contraste aparentemente gritante com respeito a muitos dos demais economistas utilitaristas que estão dispostos a prestar reverência e a desempenhar funções como peritos eficientes a serviço que quaisquer que sejam os objetivos que a "sociedade" (traduzida como o Estado) lhes exige.

Um segundo enigma corolário foi levantado por alguns economistas austríacos modernos. Por que Mises não se aferrou a seu ponto forte, aos domínios puros e etéreos da teoria econômica: à praxiologia, utilidade marginal, teoria dos ciclos de negócios e assim por diante? Por que ele se "rebaixou" – e, com ele, a economia austríaca – ao descer do âmbito do academicismo elevado para o nebuloso e muito menos respeitável, mais provocativo e controverso domínio da política? Por que ele não se manteve na torre de marfim da teoria livre de valores e da pesquisa acadêmica?

Em primeiro lugar, com respeito à última questão, embora seja comum, distorce por completo o papel do economista na política pública. Os fundadores da economia foram (a) todos profundamente envolvidos na defesa de programas políticos; e (b) frequentemente participavam diretamente das políticas governamentais. Anne Robert Jacques Turgot (1727-1781) foi um ardoroso defensor do *laissez-faire*, assim como um grande pioneiro da teoria; e seu período de dois anos como ministro econômico e reformador provou ser a última chance para que o antigo regime se reformasse antes da Revolução Francesa. O trabalho de Adam Smith (1723-1790) foi amplamente induzido por uma crítica ao mercantilismo e aderência a uma política de livre mercado; terminou seus anos, feliz, como um dos principais comissários aduaneiros da Escócia. Jean-Baptiste Say (1767-1832), quando jovem, foi um dos principais membros do Tribunato Francês governante durante o período do Diretório[3] e praticamente fundou a Escola Francesa do *Laissez-faire*, dominante no século XIX. James Mill (1773-1836), além de seu papel preponderante na teoria clássica britânica, foi um alto oficial da *East India Company* [Companhia das Índias Orientais] no governo da Índia e foi, indisputadamente, líder (mesmo que de fora do Parlamento) de um bloco de vinte ou trinta Radicais Filosóficos no Parlamento durante os anos 1830. David Ricardo (1772-1823), treinado por James Mill, não somente seguiu seu mentor com respeito ao profundo interesse nas políticas públicas; também foi um ardente reformador monetário bem como teórico monetarista. Após escrever seus *On the Principles of Political Economy and Taxation*[4] [*Princípios de Economia Política e Tributação*], de 1812, foi persuadido por James Mill para ingressar no Parlamento para promover a causa Radical.

---

[3] Presidido pelo centrista Paul François Jean Nicolas (1755-1829), visconde de Barras, o regime politico adotado na intitulada quarta fase da Primeira República Francesa, entre 26 de outubro de 1795, após o final da Reação Termidoriana da Convenção Nacional, e 9 de novembro de 1799, quando foi dado o golpe de Estado do 18 de Brumário por Napoleão Bonaparte (1769-1821), foi chamado Diretório por conta do poder executivo ter sido exercido por cinco membros denominados Diretores, indicados pelo Conselho dos Quinhentos e pelos Conselho dos Anciãos, que formavam o corpo legislativo. (N. E.)

[4] O livro está disponível em português na seguinte edição: RICARDO, David. *Princípios de Economia Política e Tributação*. Intr. Piero Sraffa; apres. Paul Singer; trad. Paulo Henrique Ribeiro Sandroni. São Paulo: Abril Cultural, 1982. (N. E.)

O filho de James Mill, John Stuart Mill (1806-1873), sucedeu a seu pai como líder dos parlamentares radicais, bem como em seu escritório à frente da *East India Company* [Companhia das Índias Orientais]. Na França, o tratado anglo-francês de 1860, o ponto mais alto do livre comércio na Europa, foi negociado pelo economista do *laissez-faire*, Maurice Chevalier (1888-1972).

E após meados do século XIX? Não poderíamos dizer que, então, quando os economistas se tornaram mais especializados e acadêmicos, e a teoria se tornou mais arcana, esses teóricos saíram da política e recorreram à sua torre de marfim? Na realidade, não. Primeiramente, entre os estatistas dissidentes da ortodoxia, havia uma preocupação excessiva com a política. A Escola Historicista Alemã de Economia era formada por "socialistas monárquicos" conscientes e seu líder, Gustav Schmoller (1838-1917), referia-se, de forma totalmente precisa, a ele e a seus colegas da Universidade de Berlim como os "guarda-costas intelectuais da Casa de Hohenzollern [da Prússia]". Karl Marx (1818-1883) e o marxismo foram, obviamente, economia *política* em todos os sentidos. O professorado da Escola Institucionalista Norte-Americana – homens tais como Richard T. Ely (1854-1943) e John R. Commons (1862-1945) – entravam e saíam constantemente de cargos no governo, começando com o estabelecimento do bem-estar e das intervenções estatais regulatórias em Wisconsin na virada para o século XX.

Entre os economistas da corrente dominante, os professores austríacos se dedicavam amplamente ao livre mercado e à moeda forte, sendo que, muitas vezes, assumiam cargos no governo. Eugen von Böhm-Bawerk (1851-1914) foi, por diversas vezes, ministro das Finanças do Império Áustro-Húngaro, e Carl Menger (1840-1921) foi tutor mentor de Rodolfo (1858-1889), o príncipe herdeiro da coroa da Áustria, a quem Menger preparou para adotar políticas de livre mercado caso tivesse se tornado imperador[5]. Mesmo um teórico agressivamente puro tal como Joseph Schumpeter (1883-1950) serviu por uma temporada (desastrosamente) como ministro da Finanças da Áustria após a Primeira Guerra Mundial.

Mesmo entre os economistas neoclássicos matemáticos, cujo formalismo puro poderia afastá-los de pontos de vista substantivamente políticos, Vilfredo Pareto (1848-1923) foi um liberal do *laissez-faire* militante e batalhou pelo livre comércio, fortemente influenciado pelo anarcocapitalista francês Gustave de Molinari (1819-1912). Desesperançado com a liberdade e o livre mercado após a passagem para o século XX, Pareto recuou e passou a fazer críticas cínicas da ação política, mas nunca esteve *não* interessado na economia política[6]. Irving Fisher (1867-1947) da Yale University, o

[5] Único filho do imperador Francisco José I (1830-1916) e da imperatriz Isabel (1837-1898), mais conhecida como Sissi, o arquiduque Rodolfo de Habsburgo foi encontrado morto no dia 30 de janeiro de 1899, juntamente com sua amante, a baronesa Maria Vetsera (1871-1889), no controverso Incidente de Mayerling, que muitos consideram ter sido um pacto de suicídio, apesar de existirem diversas teorias conspiracionistas acerca deste acontecimento. Com a morte de Francisco José I, em 21 de novembro de 1916, por conta do assassinado do arquiduque Francisco Ferdinando (1863-1914), em Sarajevo no dia 28 de junho de 1914, o beato Carlos I (1887-1922) ascendeu ao trono do Império Austro-Húngaro, tendo perdido a coroa por conta da dissolução deste em 11 de novembro de 1918. (N. E.)

[6] A respeito deste aspecto negligenciado de Pareto, ver: BUCOLO, P. (Ed.). *The Other Pareto*. London: Scholar Press, 1980; FINER, S. E. "Pareto and Pluto-De-

avô intelectual da Escola Monetarista de Chicago, sempre lidava – sempre defendendo esquemas de intervenção governamental e planejamento – desde cestas de mercadorias e outras propostas para estabilizar o "nível de preços" e, assim, alegadamente proporcionar um padrão fixo para "medir" valores, até planos para a inflação, para a proibição e eliminação do mundo de *"tais iniquidades da civilização que são o álcool, o chá, o café, o açúcar refinado e a farinha branqueada"*[7].

Posteriormente no mesmo século, obviamente, John Maynard Keynes (1883-1946) e seus seguidores keynesianos não foram nada além de políticos; Keynes serviu em postos governamentais cruciais e seus seguidores ocuparam, felizes, as posições de planeamento que foram abertas pela propagação da doutrina teórica keynesiana.

Então, onde está a alegada tradição de exigir que os teóricos da economia adotem o capuz de monges e se abstenham de todos os pensamentos ou implicações de seus trabalhos, e muito menos assumir cargos diretos no governo? Ademais, a exortação à abstinência política se dirige quase sempre aos economistas de *fora* da política dominante do dia. Se os economistas defendem políticas geralmente aceitas, geralmente isto recai sob a rubrica de "neutralidade de valor"; somente a simpatia para com políticas que se *opõem* às convenções

mocracy: The Retreat to Galapagos". *American Political Science Review*, vol. 63 (June 1968): 440-50.

[7] FISHER, Irving Norton. *My Father Irving Fisher*. New York: Comet Press, 1956. p. 146-47. Ver, também: ROTHBARD, Murray N. "World War I as Fulfillement: Power and the Intellectuals". *Journal of Libertarian Studies*, vol. 9 (Winter 1989): 107-18. Cit. p. 115.

vigentes são execradas como uma intrusão de considerações políticas impuras no domínio virtuoso da ciência econômica.

Ludwig von Mises teve o azar de ser um dos principais defensores do *laissez-faire* na história do pensamento econômico, porém durante um século de profundo estatismo. Por toda a vida, nadou vigorosamente contra as correntes estatistas ideológica e política dominantes de sua época. O século XX foi o século do socialismo, do coletivismo e da inflação impulsionada pelo governo, e Mises lutou com valentia contra tudo isso, tanto no mundo da teoria acadêmica, quanto no domínio da política prática.

Aqueles de nós que encontraram Mises durante seus anos na América, após a Segunda Guerra Mundial, estavam familiarizados com seu corretamente lendário *privatseminar* em Viena, que tinha proporcionado as bases e o estímulo para os trabalhos mais importantes que estavam sendo feitos na Europa durante a década de 1920 na economia e nas ciências sociais. Entretanto, sabemos pouco acerca de quão ativo e influente Mises foi naqueles anos no que diz respeito ao governo e às políticas públicas.

Parte da razão para o foco de Mises no trabalho governamental era prática; pois é para o infortúnio permanente da academia, tanto na Áustria quanto nos Estados Unidos, que este acadêmico brilhante, criativo e notavelmente produtivo, bem como professor inspirador, nunca tenha sido capaz de obter um cargo acadêmico pago[8]. Mises recebeu seu doutora-

---

[8] O único cargo acadêmico remunerado que Ludwig von Mises ocupou foi na Universidade de Genebra, onde ocupou a cátedra de Relações Econômicas In-

do em 1906 e seu emprego em tempo integral, de 1909 até que deixou Viena em 1934, foi como economista para a Câmara de Comércio de Viena[9]. Diferentemente de grupos que recebem nomes semelhantes nos Estados Unidos atualmente, as Câmaras eram uma espécie de parlamento econômico criado pelo governo da Áustria, com delegados eleitos por homens de negócios e financiada por intermédio de tributos. A tarefa das Câmaras era proporcionar aconselhamento econômico para o governo. As diversas Câmaras locais e regionais da Áustria elegiam delegados para uma Assembleia Geral. Por volta do início do século XX, os economistas que trabalhavam no escritório do secretário da Câmara de Comércio de Viena – a mais importante das várias Câmaras – tornaram-se importantes conselheiros econômicos para o governo. No final da Primeira Guerra Mundial, Ludwig von Mises era o principal conselheiro econômico para o governo austríaco.

---

ternacionais no Instituto Universitário de Altos Estudos Internacionais, de 1934 até o momento em que fugiu da Europa ocupada pelos nazistas para os Estados Unidos em 1940. A cátedra era somente por um ano, embora tenha sido renovada a cada ano até a saída de Mises de Genebra.

[9] Entre 1909 e 1914, Mises também foi economista para a Associação Central de Reforma Habitacional. Mises logo se tornou o perito da Associação em tributações de bens imobiliários, concluindo que as condições habitacionais abismais da Áustria foram provocadas por altas taxas sobre os rendimentos e ganhos de capital no setor imobiliário. Mises observou que diminuir essas altas taxas conduziria aumento de seu valor de mercado e, assim, atrairia mais investimentos para o setor. Obteve sucesso ao pressionar por uma redução substancial nas taxas habitacionais. Mises observa que seu trabalho na Associação Central "proporcionou-me grande satisfação". MISES, Ludwig von. *Notes and Recollections*. Trad. Hans F. Sennholz. Spring Mills: Libertarian Press, 1978. p. 21.

Após a publicação, em 1912, de sua obra pioneira, *Theorie des Geldes und der Umlaufsmittel*[10] [*A Teoria da Moeda e dos Meios Fiduciários*] Ludwig von Mises foi indicado para uma posição docente na Universidade de Viena, onde ensinou e ministrou um seminário em teoria econômica durante duas décadas. Entretanto, sua posição era de *privatdozent*, ou seja, não era um cargo remunerado e, em quatro oportunidades, foi passado para trás com respeito a uma cátedra remunerada. Seu altamente influente e prestigiado *privatseminar* foi totalmente criado pelo próprio Mises e ocorra uma noite por semana em seu escritório na Câmara de Comércio. Em seu cargo acadêmico, Mises e seus estudantes eram sistematicamente depreciados e discriminados por seus colegas "contratados"[11].

Em suas memórias, Mises escreveu que "*A Câmara me proporcionou o único campo no qual eu poderia trabalhar na Áustria*". Afirma que não tinha a pretensão de uma carreira no serviço governamental, mas que "*um cargo universitário estava fechado para mim na medida em que as universidades buscavam intervencionistas e socialistas*"[12]. Ainda assim, a despeito da impopularidade e da ampla resistência às suas visões, bem como de seu *status* independente não apoiado por partidos

[10] A segunda edição em alemão, de 1924, serviu como base para a edição inglesa, lançada em 1934, e disponível, atualmente, na seguinte forma: MISES, Ludwig von. *Theory of Money and Credit*. Pref. Murray N. Rothbard; intr. Lionel Robbins; trad. Harold E. Batson. Indianapolis: Liberty Fund, 1981. (N. E.)

[11] Ver: ROTHBARD, Murray N. *Ludwig von Mises: Scholar, Creator, Hero*. *Op. cit.*, p. 25-27.

[12] MISES, Ludwig von. *Notes and Recollections*. *Op. cit.*, p. 73.

políticos, Ludwig von Mises, pela força de seu brilhantismo e energia, chamou a atenção e foi respeitado, mesmo que não houvesse concordância, por parte do Estado austríaco. Além das numerosas tarefas de Mises na Câmara lidando com as relações financeiras e comerciais austro-húngaras antes da Primeira Guerra Mundial, e problemas de dívida no pós-guerra, o grande impulso dele como conselheiro chefe do governo austríaco foi entrar em uma batalha titânica contra o estatismo e a inflação. Mises escreveu que:

> Na Áustria, após a Primeira Guerra Mundial, estava a consciência econômica. Somente uns poucos me ajudaram e todos partidos políticos me desprezaram. Ainda assim, todos os secretários e líderes de partidos desejavam meus conselhos e opiniões. Nunca tentei lhes impor minha opinião. Nunca busquei um homem de Estado ou político. A menos que fosse convidado formalmente, nunca apareci nos saguões do Parlamento e nos departamentos do governo. Secretários e líderes de partidos visitavam meu escritório na Câmara com mais frequência do que eu os visitava[13].

A atividade mais importante de Ludwig von Mises como conselheiro econômico para o governo austríaco foi um esforço elegante e determinado para a inflação crescente e, assim, reverter o impulso hiperinflacionário da política monetária austríaca do pós-guerra. Aqui, Mises contou com um fiel aliado: o notável economista e jurista Wilhelm Rosenberg

---

[13] Idem. *Ibidem.*, p. 75.

(1850-1934), um antigo estudante de Carl Menger. Com valentia, os dois lutaram contra a política austríaca de altos déficits e contra a expansão de papel moeda. Se Mises e Rosenberg não tivessem lutado com tal determinação, o *krone* austríaco teria seguido pelo mesmo caminho hiperinflacionário do *marco* alemão em 1923. Em 1922, após três anos de luta, Mises e Rosenberg tiveram sucesso e conseguiram manter a moeda austríaca estabilizada à taxa de 14.400 *krone* de papel para um *krone* de ouro, tal como antes da Primeira Guerra Mundial, com o *krone* em padrão-ouro. Se não fosse pela sua batalha, o *krone* "*no início de 1922 teria caído para um milionésimo ou um bilionésimo de sua paridade com o ouro em 1892*", como aconteceria na Alemanha um ano depois[14]. O problema era que a estabilização era um meio-termo e, a despeito dos melhores esforços de Mises, o governo austríaco continuou sua política de inflação, expansão do crédito bancário, déficits e medidas de bem-estar que, de maneira constante e grave, consumiram o capital da Áustria e também empurraram os bancos comerciais para uma posição financeira ainda mais inflada e instável. Dado que os bancos austríacos ficaram mais inflados no final dos anos 1920, Mises foi advertido, devido a seu cargo oficial, a não falar publicamente e, assim, a colocar em risco seu *status* já altamente bamboleante. Mises se viu preso na armadilha de um dilema impossível:

> Em público, essas coisas não podiam ser discutidas livremente, dado que a reputação creditícia da economia austríaca

[14] Idem. *Ibidem.*, p. 78.

> precisava ser defendida com cuidado. Teria sido muito fácil, na verdade, apresentar os fatos de tal maneira que todos teriam visto a necessidade de interromper a política de consumo de capital, porém tal ação teria minado os créditos externos dos bancos, tornando inevitável a quebra instantânea. Assim, vi-me forçado a lançar mão de restrições extraordinárias em meus esforços para mudar as políticas econômicas a menos que eu assustasse o público e colocasse sob ameaça o crédito dos bancos e da indústria.
>
> Este constrangimento orientou minha conduta durante [...] o período desde a estabilização do *krone* em 1922 até o colapso do Kreditanstalt [banco] na primavera de 1931. Quanto pior ficava a situação devido à continuidade da política desastrosa, maior se tornava o perigo de uma crise de crédito e mais importante era não inquietar os mercados externos[15].

Obviamente, teria sido melhor se o sistema bancário e o *krone* tivessem desaparecido há muito tempo, e Mises, em retrospecto e em desespero, reconhecia esse fato.

---

[15] Mises notou que o principal conselheiro bancário do governo Cristão-Social da Áustria, Gottfried Kunwald (1869-1938), percebeu o problema básico, porém se recusou a agir para diminuir seu próprio papel venal e o de seus amigos. "[Kunwald] *viu a verdadeira situação dos bancos e das grandes empresas e, ocasionalmente, fez observações que não eram menos pessimistas que as minhas. Entretanto, estava convencido de que apresentar a verdade nua e crua sobre o estado de coisas diminuiria sua influência diante dos secretários, por intermédio dos quais assegurava licenças e outros favores para seus clientes, e assim colocaria sob risco seus rendimentos como advogado e como agente financeiro*". Idem. *Ibidem.*, p. 82.

> [Por causa de seus esforços conjuntos com Rosenberg] a moeda austríaca não colapsou como a alemã em 1923. O *boom* da quebra nunca aconteceu. Sem embargo, durante muitos anos o país teve de sofrer por causa das consequências destrutivas da inflação contínua [...]. O consumo de capital não podia ser parado. Enfrentamos muita resistência; nossa vitória [em 1922] veio tarde demais. Atrasou o colapso final por muitos anos, mas não poderia mais salvar a Áustria.

> E, novamente,

> Eu era o economista do país. Isto não quer dizer que minhas recomendações fossem seguidas ou que meus avisos fossem atendidos. Apoiado apenas por uns poucos amigos, empreendi uma luta sem esperanças. Tudo o que pude conseguir foi atrasar a catástrofe[16].

Em uma passagem emocionante, Mises recorda que foi frequentemente reprovado por seus amigos por ser muito inflexível, "*porque eu defendia meus pontos de forma muito abrupta e intransigente, e me disseram que poderia ter alcançado*

---

[16] Idem. *Ibidem*., p. 78, 74. A outra façanha política de Ludwig von Mises, além da estabilização do *krone* em 1922, foi ter persuadido sozinho seu velho amigo Otto Bauer (1881-1938), o marxista radical que era líder do Partido Social Democrata, a suprimir um golpe bolchevique na Áustria que tinha acolhido com satisfação em 1918-1919. Mises convenceu Bauer de que os Aliados cortariam o suprimento de comida vienense e, sem dúvida, Mises foi ajudado, neste esforço crucial, pelo fato de que Bauer estudou por muito tempo no seminário de Böhm-Bawerk, e tinha aceitado que Böhm-Bawerk estava certo em sua refutação da teoria do valor trabalho. Idem. *Ibidem*., p. 16-19; 39-40; 77.

mais caso tivesse mostrado mais disposição para me comprometer". Porém Mises responde que "*somente poderia ser efetivo caso apresentasse a situação verdadeiramente tal como a via*", e conclui magnificamente que, pelo contrário, "*quando olho para trás, hoje, e recordo de minhas atividades na Câmara, arrependo-me apenas de minha disposição para o comprometimento, mas não da minha intransigência*"[17].

Em contraste com muitos de seus conhecidos e colegas, Mises era o oposto de uma pessoa disposta a aproveitar a melhor oportunidade. De fato, observa que, mesmo que as universidades estivessem fechadas para ele, sua reputação como economista monetário após a publicação de *Theorie des Geldes und der Umlaufsmittel*, em 1912, conduziu a várias ofertas de emprego lucrativas em grandes bancos de Viena. Sobre estas propostas, relata Mises:

> Entretanto, até 1921 sempre recusei, pois recusaram-se a garantir que meus conselhos seriam seguros; após 1921, recusei porque considerava todos os bancos insolventes e irremediavelmente perdidos. Os eventos me aborreceram[18].

Por que Mises fez isso? Por que continuou a lutar pelas verdades do *laissez-faire* contra todas as chances, contra o curso da história, contra o próprio *Zeitgeist*, no que parecia ser uma causa sem esperanças? Conforme escrevi acima, em última análise não podemos explicar por completo ou

---

[17] Idem. *Ibidem.*, p. 74.

[18] Idem. *Ibidem.*, p. 73.

racionalizar as escolhas de um indivíduo; podemos somente admirá-las ou ultrajá-las. Porém há mais que pode ser dito sobre a apaixonada devoção de Mises ao *laissez-faire* e sobre seus assaltos contra sua multidão de inimigos. Porque Mises não era, na verdade, um utilitarista no sentido padrão de cálculos de custo/benefício. Era muito mais. Não era nem sequer um "utilitarista de regras" que acreditava que um certo conjunto de regras poderia conduzir melhor à felicidade humana do que outro conjunto. Pois Mises estava comprometido com a visão de que a luta pelo *laissez-faire* era, literalmente, uma luta de vida ou morte pela humanidade, pela civilização humana e pela existência da própria raça humana.

É aqui que reside a importância da contribuição de Joseph T. Salerno à coletânea *The Meaning of Ludwig von Mises: Contributions in Economics, Sociology, Epistemology, and Political Philosophy*[19] [*O Significado de Ludwig von Mises: Contribuições para Economia, Sociologia, Epistemologia e Filosofia Política*]. O professor Salerno aponta para dois pilares fundamentais da perspectiva misesiana a respeito da sociedade humana, que considera que consiste nas trocas de mercado baseadas na divisão do trabalho. Primeiramente, que a sobrevivência, o crescimento e o florescimento da raça humana depende da extensão e expansão progressivas do livre mercado e da divisão de trabalho cada vez mais produtiva, o que Mises chamava de desenvolver o "*oecumene*" do

[19] SALERNO, Joseph T. "Ludwig von Mises as Social Rationalist". *In*: HERBENER, Jeffrey M. (Ed.) *The Meaning of Ludwig von Mises: Contributions in Economics, Sociology, Epistemology, and Political Philosophy*. Norwell: Kluwer Academic Publishers / Ludwig von Mises Institute, 1993. p. 193-208. Cit. p. 215.

mundo, ou o "organismo social". Um defeito ou contração dessa *oecumene*, uma supressão ou impedimento desse livre mercado, conduz ao empobrecimento, morte e destruição da raça humana. Em segundo lugar e em contraste agudo com a ênfase cada vez maior de Friedrich August von Hayek (1899-1992) neste organismo social como uma "ordem espontânea" que somente por ser preservada pela aceitação cega de suas regras "evoluídas" existentes, Mises percebeu que a "evolução social" do mercado e da divisão do trabalho repousava sobre a cooperação social *consciente* que resulta da razão e da vontade humanas. Em resumo, Hayek aplica a metáfora da evolução biológica das espécies alegadamente "mais elevadas" ou, ao menos, melhor adaptadas. Mises, por outro lado, percebe que a ação humana é radicalmente diferente dos movimentos e interações entre pedras, átomos ou genes. A ação humana é individual e racional, no sentido de consciente e dotada de propósito, desenhada para melhorar o lote de uma pessoa. Tal como a citado por Salerno, Mises afirma em *Human Action: A Treatise on Economics* [*Ação Humana: Um Tratado de Economia*] que:

> A sociedade humana é um fenômeno intelectual e espiritual. É a consequência da utilização deliberada de uma lei universal que rege a evolução cósmica, qual seja a maior produtividade da divisão do trabalho[20].

---

[20] Substituímos o trecho em inglês pela passage equivalente da seguinte edição em português: MISES, Ludwig von. *Ação Humana: Um Tratado de Economia*. Trad. Donald Stewart Jr. São Paulo: Instituto Ludwig von Mises Brasil, 3ª ed., 2010. p. 185. (N. E.)

A ênfase de F. A. Hayek na ordem espontânea, ou nas consequências *não intencionais* ao invés de intencionais da ação humana, no irracionalismo a invés da razão, baseia-se no pressuposto implícito de que os seres humanos não são homens que agem conscientemente, mas sim organismos tropísticos que reagem *inconscientemente* de acordo com regras evoluídas. Assim, para Hayek, ou pelo menos para o "Segundo Hayek" após a década de 1940, influenciado pelo empirismo neopositivista de Karl Popper (1902-1994), a distinção dualista aguda de Ludwig von Mises entre a ação humana e o movimento das pedras, átomos etc., sai de cena, e tanto a ação humana quanto as ciências físicas são tratadas com a mesma epistemologia[21].

Mas se rejeitamos o bizarro conceito hayekiano subjacente de ação inconsciente, e reconhecemos que as ações dos homens são conscientes e dotadas de propósitos, então, tal como David Gordon coloca com perspicácia, as pessoas

> [...] podem desejar conscientemente ter um sistema de mercado, e suas ações coordenadas para perservá-lo *não* são, dessa maneira, uma "consequência não intencional da ação humana". Podem evitar a intervenção prejudicial, não porque

[21] Em contraste, ver: HAYEK, F. A. *Counter-Revolution of Science*. Indianapolis: Liberty Press, 1979. Essa obra foi publicada originalmente na forma de artigos antes da Segunda Guerra Mundial e, embora reunidas como livro após a guerra, eram decididamente misesianos, ou do "Primeiro Hayek". Hayek, sem embargo, nunca aceitou a praxiologia de Mises – que se baseia na visão misesiana fundamental da natureza da ação humana racional e dotada de propósitos.

seguem cegamente a regras tradicionais, mas porque entendem a maneira como o mercado funciona[22].

Devemos observar que a noção de Hayek de ordem espontânea inconsciente baseia-se no Iluminismo Escocês do século XVIII, em particular em Adam Ferguson (1723-1816), que enfatiza "os resultados da ação humana, mas não do desenho humano". Sabe-se pouco acerca de se o conceito de Ferguson surgiu ou não como tentativa de explicar o mercado, a linguagem ou outras instituições humanas similares. Em vez disso, Ferguson, amigo próximo de Adam Smith e seus companheiros da juventude de ministros da Igreja Presbiteriana da Escócia, tentavam explicar o que era, para eles, uma experiência profundamente traumática: a Rebelião Jacobita de 1745, na qual os jacobitas capturaram a Escócia e sua amada cidade de Edimburgo, e quase fizeram triunfar a causa dos Stuart – tendo sido derrotados somente na sangrenta Batalha de Culloden. Em sermões após a batalha, Ferguson e o reverendo Hugh Blair (1718-1800), outro amigo de longa data de Adam Smith, sentiu-se forçado a explicar porque Deus permitiu pessoas conscientemente más como os

[22] GORDON, David. "The Origins of Language: A Review". *Review of Austrian Economics*, Volume 3 (1989): 246. Gordon acrescenta que, em contraste com a posição de Hayek, o mercado pode muito bem ter se originado por intermédio da adoção consciente. Hayek utilizou a origem da linguagem como seu modelo para como e por que as instituições sociais alegadamente se originaram tropisticamente, fora do desenho humano consciente. Em sua importante resenha, entretanto, Gordon cita estudos recentes a respeito da origem da linguagem por G. A. Wells e J. N. Hattiangadi, que defendem a visão do século XVIII da linguagem como invenção humana consciente. Ver: p. 245-251.

jacobitas católicos que quase triunfassem sobre a verdadeira Igreja Presbiteriana. Sua resposta: que os jacobitas católicos, embora conscientemente perversos, estavam sem saber realizando o propósito mais profundo de Deus, isto é, tirar a Igreja Presbiteriana de sua apatia e perda de zelo. Dessa maneira, os homens mais podem perseguir, conscientemente, objetivos perversos, mas, inconscientemente, ajudam a concretizar fins providenciais – as consequências sociais não intencionais da ação humana, decididamente não do desenho humano.

Assim, em seu sermão proferido diante da assembleia geral da Igreja da Escócia no dia 18 de maio de 1746, menos de um mês após a Batalha de Culloden, Hugh Blair explicou que Deus tinha contemplado uma Escócia abençoada com uma *"Constituição feliz"* e uma *"religião pura"*, mas ainda assim afundada na apatia religiosa, na *"luxúria"*, e na *"corrupção dos costumes"*. Como resultado, Deus enviou a *"ira dos homens"*, isto é, as paixões dos homens perversos, na forma dos jacobitas, para que funcionassem como *"uma cura para todos esses males"*. Removidos de sua apatia, os presbiterianos reviveram; logo, Deus *"faz com que as paixões desregradas dos homens mais* trabalhem *de uma maneira misteriosa, em direção a fins, por eles mesmos não antecipados"*[23]. A partir

[23] SHER, Richard B. *Church and University in the Scottish Enlightenment: The Moderate Literati of Edinburgh*. Princeton: Princeton University Press, 1985. p. 45. O Iluminismo Escocês, por outra parte, não era monolítico. Os distintos Thomas Reid (1710-1796), filósofo do Senso Comum, e James Burnett (1714-1799), Lord Monboddo, eminentes líderes iluministas, sustentavam, por exemplo, que a linguagem era uma invenção humana consciente. Ver: GORDON, David. "The Origins of Language: A Review". *Op. cit.*, p. 246-49.

do mal aparente, decorre bem verdadeiro. Consequências não pretendidas, de fato! Não é de surpreender que Georg Wilhelm Friedrich Hegel (1770-1831), lendo avidamente a sociologia de Ferguson – um desenvolvimento deste tema para as instituições humanas – deve ter se inspirado para desenvolver sua noção crucial de "astúcia da razão", na qual forças históricas inevitáveis e providenciais reorientam o mal aparente e consciente na direção do bem real.

Para voltar a Ludwig von Mises, se a economia de mercado e a sociedade são frutos da razão dos homens, isto significa que para sustentar e desenvolver o mercado, o público geral precisa renovar continuamente seus acordos, devem entender e continuar a entender a importância do *laissez-faire*, bem como de sustentar a crucialmente importante *oecumene* mundial. Tal como Salerno resume o argumento de Mises:

> Em qualquer momento da história, a *oecumene* em evolução é o resultado *racional e intencional* de um processo intersubjetivo, cujo propósito é a melhoria da escassez. Existe não como algo sobre si mesma, mas como um complexo de relações sociais que emerge de uma orientação comum das ações humanas individuais [...]. Dado que tais relações, portanto, emanam da vontade, precisam ser diariamente afirmadas e recriadas no pensamento e na conduta humanas[24].

---

24 SALERNO, Joseph T. "Ludwig von Mises as Social Rationalist". *Op. cit.*, p. 215.

Suas epistemologias distintas levaram Hayek e Mises a estratégias muito diferentes a respeito de como sustentar e defender melhor uma economia de livre mercado. Para o analista tropista e irracionalista, Hayek, o papel do filósofo é entender que a razão é débil e que desempenha um papel muito pequeno nos assuntos humanos, e então instruir os intelectuais em geral e, finalmente, o público na sabedoria de não fazer nada e de confiar na sabedoria instintiva (porquanto "evoluída") das regras sociais recebidas tradicionalmente. Mises, pelo contrário, como alguém que entende o papel penetrante da razão e do propósito nos assuntos humanos, acredita que o papel do filósofo e do intelectual é instruir o público na sabedoria e necessidade de sustentar e expandir a *oecumene* do livre mercado, bem como a respeito da importância de consultar os "bem entendidos" interesses que se têm para cultivar tal *oecumene*.

Enquanto Hayek concebe a ordem espontânea e ser inconsciente de consequências como algo ao mesmo tempo natural e uma bênção, Mises percebe que se as pessoas forem indiferentes às consequências benéficas da economia de livre mercado, isso é um grande perigo para esse mercado e, portanto, em última análise, para elas mesmas. No curto prazo, o autointeresse míope que leva as pessoas a pilharem e danificarem o livre mercado se deve à sua falta de consciência a respeito da importância da economia de livre mercado. Tal como citado por Salerno, de acordo com Mises:

> [...] essa conduta antissocial que abala as próprias fundações da cooperação social [...]. É o produto de uma mentalidade

estreita que não chega a perceber como a economia de mercado funciona e nem consegue antecipar os efeitos finais que suas próprias ações haverão de provocar[25].

Em contraste com Hayek, portanto, Mises considera vital que o filósofo social e o economista *não somente* intensifiquem suas pesquisas e avancem a alta teoria, *mas também* que eduquem os homens de negócios e os membros do público geral a respeito da economia e sobre a importância vital de manter a economia de mercado livre e desimpedida. Salerno resume, então, a percepção de Mises:

> [...] na medida em que normas sociais, políticas e instituições são "não projetadas", não são completa e corretamente pensadas anteriormente e elaborada de acordo com uma ideologia logicamente consistente, e nessa medida a continuidade da existência da sociedade se torna problemática[26].

Para Mises, então, em contraste com Hayek, o fato de que muitas, senão a maior parte das consequências da economia de mercado e da sociedade seja não intencional é causa de alarme e não de celebração. Para salvar essa economia e, portanto, a existência humana e a civilização, torna-se necessário que economistas, filósofos sociais e intelectuais difundam o conhecimento dessas consequências, para que

[25] MISES, Ludwig von. *Ação Humana*. *Op. cit.*, p. 242. (N. E.)

[26] SALERNO, Joseph T. "Ludwig von Mises as Social Rationalist". *Op. cit.*, p. 243.

se tornem completamente racionais e *pretendidas* pela maior parte do público.

A única maneira de educar o público de maneira plena e com sucesso, conforme Mises percebeu, seria que aqueles que compreendem a importância vital da economia de mercado difundam por toda parte a *ideologia*[27] do liberalismo clássico, o que agora chamaríamos de libertarianismo. Mises postulou o princípio liberal – da trocas e intercâmbios pacíficos – como a grande ideologia que combate o "princípio militarista-imperialista", o "princípio hegemônico" da coerção e do roubo organizado. Ao abordar a obra *Die Gemeinwirtschaft: Untersuchungen über den Sozialismus* [*A Economia Coletiva: Estudos sobre o Socialismo*], de Mises, lançada em inglês com o título *Socialism: An Economic and Sociological Analysis* [*Socialismo: Uma Análise Econômica*], Salerno perspicazmente identifica que:

> No liberalismo, a humanidade se torna consciente dos poderes que orientam seu desenvolvimento. A escuridão que cai

---

[27] A noção de "ideologia" utilizado por Murray N. Rothbard (1926-1995) não deve ser confundida tanto com as categorias marxistas acerca desta quanto com a visão conservadora, de autores como Eric Voegelin (1901-1985) e Russell Kirk (1918-1994), que definem os programas ideológicos como projetos abstratos utópicos como uma espécie de falsas religiões, que prometem a criação de um paraíso terreno por intermédio de mudança revolucionária das estruturas sociais. A perspectiva rothbardiana acerca da temática é a mesma adotada por Ludwig von Mises ao defende que *"Ideologia é o conjunto de todas as nossas doutrinas relativas à conduta individual e às relações sociais"*. Para uma análise mais profunda, ver: MISES. *Ação Humana*. *Op. cit.*, p. 222-28, cit. p. 222. Ver, também: KIRK, Russell. "Os Erros da Ideologia". *In*: *A Política da Prudência*. Apres. Alex Catharino; intr. Mark C. Henrie; trad. Gustavo Santos e Márcia Xavier de Brito. São Paulo: É Realizações, 2013. p. 91-102. (N. E.)

sobre a história recua. O homem começa a entender a vida social e a permitir que se desenvolva conscientemente [...][28].

É somente uma ideologia mantida fervorosamente que permite que a humanidade possa superar os desejos por privilégios especiais decorrentes da coerção, e que os alerta para a importância vital de rejeitar quaisquer tentativas de arrancar os privilégios especiais de outros. Em particular, a ideologia liberal clássica proporciona a *saída* da armadilha da Escolha Pública: a ideia de que, já que indivíduos e consumidores são "racionalmente ignorantes" a respeito de cada pequena porção de seus bolsos, esses grupos especiais, cada um interessado apaixonadamente em seu próprio engrandecimento perante os consumidores, são obrigados a vencer, o que torna o processo democrático como inerentemente sem esperança. Entretanto, Ludwig von Mises via o processo democrático como método por intermédio do qual a ideologia liberal clássica poderia se difundir para o público geral por intermédio, por exemplo, do sistema de partidos políticos. Não devemos nos esquecer de que, antes do século XX, os partidos políticos, tanto nos Estados Unidos quanto na Europa Ocidental, eram veículos para a forte propagação ideológica. Nos séculos XVII, XVIII e XIX, as ideologias liberais clássicas frequentemente se refletiam nos partidos políticos e nos movimentos das massas. Se a armadilha da Escolha Pública pôde ser superada no passado, não há razão pela qual não o possa também no futuro. Os defensores da

[28] SALERNO, Joseph T. "Ludwig von Mises as Social Rationalist". *Op. cit.*, p. 244.

Escolha Pública caem em sua armadilha por rejeitarem a ideologia como algo sempre trivial e não importante. Mises, bem informado a respeito da história, em contraste com os defensores da Escolha Pública, nunca cometeria tal equívoco.

Por outro lado, Ludwig von Mises também percebeu que os liberais clássicos originais eram absurdamente otimistas ao acreditarem que a continuidade do progresso social e a expansão da liberdade seriam inevitáveis. Vivendo no século XX e lutando por toda a vida contra o *Zeitgeist*, Mises dificilmente poderia cair neste erro particular da complacência determinista com respeito ao futuro. Pelo contrário, Mises percebia que o homem é livre para escolher tolamente e se autodestruir optando pelo restricionismo, estatismo ou coletivismo. Assim, Misses não poderia recair na "pirâmide" hayekiana de se concentrar somente nos teóricos, esperando tranquilamente por décadas ou séculos até que a alegada sabedoria de não fazer nada para alterar as regras tradicionais que se infiltram nas massas de cima para baixo. Mises estava muito ciente de que não havia tempo para isso – que o público geral, especialmente no mundo democrático, sempre deve ser mantido ciente da importância vital de apoiar o mercado e das consequências desastrosas do estatismo, e deve ser alistado a uma ideologia liberal clássica[29].

---

[29] Há muitos anos, alguns áustro-americanos se envolveram no que se mostrou uma tentativa abortiva de fundar uma escola de pós-graduação em economia austríaca que proporcionaria títulos. Ludwig von Mises seria o presidente, ao passo que Conselho de Curadores seria constituído por alguns de seus discípulos norte-americanos, incluindo o próprio autor deste ensaio, que eram então "jovens" austríacos. Mises incansavelmente nos advertiu que, em nossa busca pela forma-

Agora, deve estar claro como a epistemologia e a filosofia social de Mises reforçaram sua tendência interior a lutar implacavelmente pela verdade. A civilização e a existência humana estão em jogo – e, para preservá-la e expandi-la, a alta teoria e o academicismo, embora importantes, não são suficientes. Especialmente em uma era de estatismo galopante, o liberal clássico, o defensor do livre mercado, tem a obrigação de levar essa luta para todos os níveis da sociedade – ao governo, ao público em geral, aos partidos políticos. Mises não estava de acordo com a separação artificial entre a teoria e a prática; com a civilização sob ameaça e diante da importância vital da liberdade, não havia tempo para esse andar de mansinho. E embora Mises acreditasse fortemente que a ciência econômica era livre de valores, e que os valores não são objetivos, ele também se comprometeu apaixonadamente com a ideologia – sim, os valores – do liberalismo clássico – da liberdade, da paz e dos mercados livres. Dado que, diferentemente do utilitarismo padrão, sua percepção a respeito das questões sociais lhe ensinou que a vida e a felicidade humana estavam em jogo e estava disposto a assumir o passo "não objetivo" de defender abertamente a vida humana e os altos padrões de vida. Nunca para Mises, em resumo, seria viável abrigar-se nas vestes acadêmicas ou se recusar a se engajar nas controvérsias políticas em nome do "valor da

ção e vida acadêmica, não deveríamos nos negar a dar palestras periódicas para homens de negócios e para o público em geral. Naquele momento, fiquei um pouco confuso com sua insistência, mas agora está claro que este programa se encaixa na epistemologia misesiana, bem como em sua filosofia social racionalista e em sua estratégia mais ampla.

liberdade". A Ciência Econômica pode ser livre de valores, mas os homens nunca podem ser, e Ludwig von Mises nunca fugiu das responsabilidades de ser humano.

"Não cabe ao economista dizer o que o povo deve preferir e nem como deve usar os seus recursos. Mas é de seu dever chamar a atenção de todos para os custos das decisões do governo. Isso o diferencia do charlatão, que só fala dos benefícios da intervenção sem jamais se referir aos malefícios que ela acarreta".

Dr. Ludwig Edler von Mises

O livro que você está prestes a ler, *Intervencionismo: Uma Análise Econômica*, não é a obra mais lembrada, citada ou influente de Ludwig von Mises (1881-1973). No entanto, para o leitor contemporâneo, é uma das mais necessárias e urgentes.

Atacado por socialistas, perseguido por nazistas e ignorado por liberais "positivistas", Mises não foi apenas um dos autores mais lúcidos, profícuos e inovadores na crítica ao socialismo. Em *Intervencionismo: Uma Análise Econômica*, o leitor é presenteado com um libelo acessível, didático e pungente contra a mais insidiosa e dissimulada variante dos regimes antiliberais, aquela que mimetiza aspectos formais e a fraseologia da democracia liberal enquanto implementa, lenta e silenciosamente, seu exato oposto.

Prefácio à 3ª Edição Brasileira

Intervencionismo, o mais importante e urgente alerta de Mises para o Brasil

Alexandre Borges

O tema não poderia ser mais atual, mesmo considerando que regimes intervencionistas são os mais comuns nos últimos séculos. Sistemas mais próximos do liberalismo clássico com livre mercado ou do estatismo com economia planificada constituem experiências breves e episódicas, como a "Era Dourada" americana, entre 1870 e 1896, e o stalinismo soviético, de 1922 a 1952.

Para Mises, o intervencionismo é o sistema político-econômico em que há a manutenção formal da propriedade privada dos meios de produção, mas, na prática, a liberdade é constrangida, cerceada e sufocada pelo governo. No intervencionismo, as autoridades forçam, direta ou indiretamente, empresários, gestores e consumidores a tomar decisões nas suas transações comerciais que não tomariam se fossem livres.

Entende-se por "intervenção", na visão misesiana, qualquer ação governamental que influencie ou direcione a ação empresarial, retirando poder do cidadão e deslocando para o Estado. A intervenção estatal pode ocorrer via "restrição", como na imposição de normas que impeçam a produção e venda de determinados itens, ou via "interferência", como na fixação de preços ao consumidor. Em ambos os casos, as autoridades e a burocracia entendem que a troca voluntária e não coercitiva entre entres privados deve ser regulada por elas e não pelas partes envolvidas.

O conceito de intervencionismo proposto por Ludwig von Mises foi posteriormente revisto e ampliado por diversos autores da Escola Austríaca de Economia como Murray N. Rothbard (1926-1995), Don Lavoie (1951-2001), Sanford Ikeda e Peter Boettke, entre outros, complementando as diversas formas de interferência do Estado na economia, chegando até aos programas assistencialistas e de transferência de renda. Rothbard incluirá também intervenções na vida privada dos cidadãos ou "autistas", como o cerceamento da liberdade de expressão. Recomendo enfaticamente o livro *A Economia do Intervencionismo*[1], do professor Fabio Barbieri, sobre o desenvolvimento do tema pós-Mises.

I - As raízes do intervencionismo moderno

Com a profunda transformação causada no mundo por conta da Revolução Industrial entre meados dos séculos XVIII e XIX e a ascensão da "burguesia" e do "proletariado", diversos políticos, intelectuais e clérigos assumiram que

[1] BARBIERI, Fabio. *A Economia do Intervencionismo*. São Paulo: Instituto Ludwig von Mises Brasil, 2013.

a nova ordem social emergente, a mais livre e próspera já vista, deveria ser regulada e controlada por uma elite iluminada, "racional" e "altruísta" formada, evidentemente, por eles próprios. Nascia o "progressismo".

A popularidade do "progressismo", apresentado como um meio caminho "racional" entre o liberalismo clássico e o socialismo pleno, foi imediata entre a nobreza e intelectualidade ocidental que não se queria associada ao marxismo revolucionário e que também nutria um profundo desprezo pelo regime que abria as portas dos salões de seus palácios, das esferas do poder político e das universidades para industriais, artesãos, gestores, navegadores e comerciantes.

Como lembra o historiador Thomas Woods Jr.:

> Na realidade, não há nenhum motivo em particular para que as pessoas em posse de grandes riquezas sejam a favor do sistema liberal de livre concorrência, em que um esforço contínuo deve ser feito para se estar sempre atendendo aos desejos dos consumidores – caso contrário, essa riqueza será reduzida gradualmente. Aqueles que possuem grande riqueza, especialmente os que herdaram essa riqueza, podem com efeito preferir um sistema intervencionista, o qual tem maior propensão a manter congelados os padrões de riqueza existentes[2].

---

[2] WOODS JR., Thomas. "Prefácio à Edição de 2010: O Conceito de Mises Sobre uma Sociedade Livre". *In*: MISES, Ludwig von. *Liberalismo: Segundo a Tradição Clássica*. Preâmbulo de Louis M. Spadaro; prefs. Thomas Woods & Bettina Bien Greaves; trad. Haydn Coutinho Pimenta. São Paulo: Instituto Ludwig von Mises Brasil, 2ª ed., 2010. p. 21.

Para Mises, o progressismo não passa de uma volta ao mercantilismo, sistema econômico dominante por três séculos na Europa e que começa a ser substituído em meados do século XVIII com a Revolução Industrial e a ascensão do liberalismo clássico. O mercantilismo via a economia como um jogo de soma zero em que o enriquecimento, baseado no acúmulo de metais preciosos como ouro e prata, só poderia ocorrer em detrimento de um terceiro que empobreceria na mesma proporção. Foi o liberalismo econômico, apresentado ao mundo em obras como *The Wealth of Nations*[3] [*A Riqueza das Nações*], lançado em 1776 por Adam Smith, o gênio escocês que fundou a economia moderna, que mostrou como a riqueza não é fixa e nações podem enriquecer juntas com divisão de trabalho e comércio livre.

O intervencionismo foi edulcorado por políticos, intelectuais e artistas habilidosos e passou a ser anunciado como um caminho moderado, ponderado, prudente, solidário, científico e não radical entre o marxismo e o *laissez-faire*, uma solução híbrida entre o livre mercado e o estatismo em nome do "bem-estar social". Era preciso mascarar a intenção de seus proponentes de manter o controle sobre a nova sociedade que surgia e que deslocava aos poucos o eixo do poder para empreendedores e produtores enquanto criava uma onda inédita de prosperidade para a população.

---

[3] SMITH, Adam. *A Riqueza das Nações: Investigação sobre sua Natureza e suas Causas*. Apres. Wiston Fritsh; intr. Edwin Cannan; trad. Luiz João Baraúna. São Paulo: Abril Cultural, 1983. 2v.

O nascimento do moderno "Estado de bem-estar social" tem suas raízes nas políticas assistencialistas de Otto von Bismarck (1815-1898), o general prussiano responsável pela unificação dos povos germânicos e pela proclamação do Império Alemão. Como *reichskanzler* entre 1871 e 1890, Bismarck criou o sistema de seguridade social do império, o primeiro do mundo moderno, instituiu um banco central e a moeda única, implementou um código civil e comercial, governando com o estilo que valeu o apelido de "chanceler de ferro".

A intenção do intervencionismo de Bismarck era oferecer à população uma alternativa entre o liberalismo, acusado pelos nacionalistas germânicos de danoso ao país por verem no livre comércio uma armadilha britânica, e o socialismo, força política ascendente e que contava também com a influência da Igreja católica local. O chanceler-de-ferro dizia que "a liberdade é um luxo que nem todos podem se dar".

Com a ascensão de Guilherme II (1859-1941) ao trono alemão em 15 de junho de 1888, herdeiro paranóico, inseguro e com temperamento explosivo, que via no populismo assistencialista o meio para ser amado pelo povo e que nutria um ódio visceral contra a Inglaterra liberal da sua avó materna, a rainha Vitória (1819-1901), o império deu uma guinada ainda mais acentuada em direção ao intervencionismo. O novo *kaiser* patrocinou diversas leis e regulações econômicas que, segundo Mises, seriam semelhantes às da desastrosa República de Weimar, vigente de 1919 até 1933.

O Reino Unido, berço da Revolução Industrial e de muitas das ideias liberais, não ficou imune à onda intervencionista do final do século XIX. Karl Marx (1818-1883) se mudou para Londres, cidade mais importante do Ocidente na época, em 1849, um ano após o lançamento do *Manifesto do Partido Comunista*[4], fixando residência na capital britânica até sua morte, trinta e quatro anos depois. Quase toda sua produção, incluindo *Das Kapital*[5] [*O Capital*], lançado em 1867, foi realizada lá.

Em 1884, um ano após a morte de Marx, nasceu em Londres a Sociedade Fabiana, fundada pelo barão Sidney Webb (1859-1947) e sua esposa Beatrice Webb (1858-1943), dois membros da nobreza britânica e declaradamente socialistas. A Sociedade Fabiana contava com membros como George Bernard Shaw (1856-1950), Virginia Woolf (1882-1941), H. G. Wells (1866-1946) e Bertrand Russell (1872-1970), além da simpatia de parte considerável da elite política e intelectual britânicas. O grupo assumiu a opção pelo "evolucionismo" na implementação do socialismo contra as soluções revolucionárias que clamavam pela tomada violenta e imediata do poder.

Poucos grupos foram tão influentes no ocidente desde então. A *Sociedade Fabiana* foi a fundadora da London School of Economics (LSE), em 1895, e do Partido Trabalhista inglês, em 1906. O "fabianismo" é também conhecido como "social-democracia", "socialismo democrático" ou

[4] MARX, Karl & ENGELS, Friedrich. *Manifesto do Partido Comunista*. Org. e intr. Marco Aurélio Nogueira, Trad. Marco Aurélio Nogueira e Leandro Konder. Petrópolis: Vozes, 15ª ed., 2010.

[5] MARX, Karl. *O Capital: Crítica da Economia Política*. Trad. Reginaldo Sant'Anna. Rio de Janeiro: Civilização Brasileira, 29ª ed., 2011. 5v.

"centro-esquerda", e em países como o Brasil costuma ser associado, por ignorância ou má fé, com o liberalismo clássico ou simplesmente com a "direita".

O casal Webb promovia os jantares mais disputados da alta sociedade londrina na virada do início do século XX, quando aproveitavam os encontros para doutrinar a elite britânica sobre as vantagens do socialismo. Beatrice, uma ex-liberal na juventude por conta de sua admiração pela obra do filósofo Herbert Spencer (1820-1903), de quem se tornou discípula e amiga, produzia estudos sociológicos e econômicos sobre as condições dos trabalhadores britânicos e distribuía aos convidados, discutindo seu conteúdo com eles. A Sociedade Fabiana é, neste sentido, o primeiro e mais importante *think tank* do mundo moderno.

Um dos políticos influenciados nestes jantares foi o jovem Winston Churchill (1874-1965), que adotou muitas das bandeiras "fabianas" nos discursos dos primeiros anos da sua carreira política. Uma visita à Alemanha na época serviu para Churchill ficar ainda mais impressionado com o que chamou de "bismarckianismo". Foram os Webb que apresentaram Churchill ao Lord William Beveridge (1879-1963), o "bismarckiano" diretor da London School of Economics que se tornou seu conselheiro mais importante em questões sociais. O "Plano Beveridge" de transferência de renda é visto como o pai dos programas assistencialistas modernos.

O "fabianismo" é uma estratégia política e econômica gradualista de implementação do socialismo via intervencionismo. O nome é uma homenagem ao cônsul romano Quinto Fábio Máximo (275-203 a.C.), o *"Protelador"*, e a estratégia militar usada por ele na Segunda Guerra Púnica, em 218 a.C., entre Roma e Cartago. Fábio optou por não partir para o conflito aberto e direto contra Aníbal (248-182 a.C.), surpreendendo o mítico líder dos cartagineses. Ele preferiu posicionar as tropas romanas nas montanhas e desgastar o exército adversário minando sua moral e causando nele enormes prejuízos não previstos.

Enquanto o Império Alemão de Bismarck e Guilherme II criava o "Estado de bem-estar social" e a política britânica começava a ser guiada pelo fabianismo, a América vivia a chamada "Era Dourada", entre 1870 e 1896, período de rápida industrialização, crescimento econômico e prosperidade incomparáveis iniciado após o fim da Guerra de Secessão, ocorrida de 1861 a 1865, e ainda durante a "Era da Reconstrução", de 1865 até 1877, que reunificou o país depois do conflito. Durante a "Era Dourada", termo cunhado de forma pejorativa pelo escritor e satirista Mark Twain (1835-1910), a América se tornou a maior potência industrial do planeta, superando a Inglaterra.

Junto com a prosperidade, surgiu também na América o movimento "progressista", corrente político-ideológica suprapartidária que viria a ditar a política americana entre 1896 e 1932, quando Herbert Hoover (1874-1964), o último presidente identificado com o progressismo, saiu do poder deixando como legado o *Crash* da Bolsa de Nova York em 1929 e o início da Grande Depressão. O período é conhecido como a "Era Progressista".

O progressismo americano marcou os governos dos presidentes Theodore Roosevelt (1858-1919), William Howard

Taft (1857-1930) e Woodrow Wilson (1856-1924), que governaram o país entre 1901 e 1920. Após a Primeira Guerra Mundial, houve uma interrupção dos governos progressistas por conta dos dois presidentes republicanos eleitos, Warren G. Harding (1865-1923) e Calvin Coolidge (1872-1933), que governaram o país como liberais clássicos entre 1921 e 1928, cortando gastos públicos, baixando impostos e eliminando regulações, o que permitiu o surgimento de um novo período de grande prosperidade e euforia conhecido como *"The Roaring Twenties"*, os "Loucos Anos 20".

O sucesso das políticas inspiradas no liberalismo clássico de Calvin Coolidge não impediu que os progressistas continuassem a criticar o livre mercado. O economista britânico John Maynard Keynes (1883-1946), o mais influente defensor do intervencionismo de todos os tempos, publicou em 1926 o ensaio "O fim do *laissez-faire*", advogando explicitamente a superação do liberalismo clássico, considerado por ele um anacronismo vitoriano. Com o lançamento de *The General Theory of Employment, Interest and Money*[6] [*A Teoria Geral do Emprego, do Juro e da Moeda*] em 1936, o lorde britânico daria sua grande contribuição teórica ao intervencionismo e criaria a escola econômica mais influente no mundo até hoje.

Abatido pela morte do filho adolescente, Calvin Coolidge surpreendeu o país ao anunciar que não concorreria à reeleição em 1928, abrindo caminho para seu vice-presidente

[6] KEYNES, John Maynard. *A Teoria Geral do Emprego, do Juro e da Moeda*. Apres. Adroaldo Moura da Silva; trad. Mário R. da Cruz. São Paulo: Nova Cultural, 1996.

e desafeto político Herbert Hoover, um político progressista e com ideias radicalmente contrárias às dos dois presidentes antecessores. Hoover era um engenheiro milionário e filantropo sem ligações históricas com o Partido Republicano, tendo entrado na legenda por mero cálculo político, por conta da impopularidade dos democratas ao final do governo Woodrow Wilson.

Hoover prometeu que seu governo iria "erradicar a pobreza do país", mas o que se viu foi o início da maior depressão econômica da história. Suas intervenções brutais na economia, como o maior pacote de tarifas protecionistas já promulgado no país (o famigerado *Smoot-Hawley Tariff Act*, de 13 de março de 1930), a criação de câmaras setoriais para fixação de preços e salários, a deflação causada por erros imperdoáveis na condução da política monetária, jogaram a América na maior crise econômica que se tem notícia.

Sucedido por Franklin Delano Roosevelt (1882-1945), o maior intervencionista da política americana e pai do *New Deal*, a América seria jogada numa espiral ainda mais profunda de caos econômico apenas superado mais de uma década depois e após a sua morte. Durante os anos 1930, os resultados do intervencionismo na economia americana mancharam de tal forma a reputação do liberalismo, até hoje levianamente culpado pela Grande Depressão, que muito consideravam o livre mercado superado e incompatível com o século XX.

Intervencionismo: Uma Análise Econômica foi escrito originalmente em 1940, quando muitos dos prejuízos causados pela interferência do Estado na economia moderna ainda não estavam tão evidentes para políticos e economistas, fazendo de Ludwig von Mises um dos pioneiros na luta pelo resgate do liberalismo clássico como solução para as diversas crises daquele momento.

II - O Intervencionismo no Brasil

Ludwig von Mises discorre sobre um sistema particularmente familiar aos brasileiros[7], país que ocupa as piores colocações em todos os *rankings* internacionais de liberdade econômica, atratividade para investimentos, ambiente de negócios, abertura de mercado, respeito às leis e contratos, regulações, combate à corrupção, relações de trabalho, regime tributário e produtividade da mão de obra[8].

O Brasil republicano é um caso particularmente lamentável de políticas econômicas intervencionistas mal-sucedidas e extremamente nocivas à população. Manuel Ferraz de Campos Salles (1841-1913), último presidente brasileiro totalmente comprometido com a austeridade e responsabilidade monetária e fiscal, governou há mais de 110 anos e é tratado com desdém pelos livros de história. Ele enfrentou corajosamente o caos econômico herdado dos antecessores

[7] Para conhecer em detalhes as raízes e a trajetória do intervencionismo no Brasil, leia também: GARSCHAGEN, Bruno. *Pare de Acreditar no Governo: Por que os brasileiros não confiam nos políticos e amam o Estado*. Pref. João Pereira Coutinho. Rio de Janeiro: Record, 2015.

[8] Os *rankings* mais indicados sobre o tema, atualizados anualmente, são o "Doing Business" do Banco Mundial e o "Index of Economic Freedom" feito pela The Heritage Foundation com o jornal *The Wall Street Journal*.

com remédios "ortodoxos" como fortalecimento da moeda e corte de gastos públicos, domando a inflação e recolocando o país, na medida do possível, nos trilhos.

Depois de Campos Salles, que em apenas quatro anos criou as bases para o período de relativa prosperidade do sucessor Rodrigues Alves (1848-1919), o que se viu em termos de política econômica no Brasil foi uma tenebrosa sucessão de feitiçarias antiliberais, potencializadas nos últimos governos com a famigerada "nova matriz econômica" de economistas autodenominados "desenvolvimentistas". Mises classificaria estas ideias de "inflacionistas".

O período mais recente da história brasileira ainda foi palco do mais desavergonhado "capitalismo de compadrio" ou "de laços", quando sucessivos governos usaram bancos públicos para oferecer financiamentos bilionários subsidiados e contratos a empresários próximos com o alegado objetivo de criação de "campeões nacionais". Em alguns casos ainda mais graves, houve participação direta do governo brasileiro na aquisição de parte capital destas empresas e nos seus conselhos de administração.

Antes que digam que "outros países já fizeram isto", vale ressaltar que é exatamente o que você vai descobrir lendo *Intervencionismo: Uma Análise Econômica*. Mises, mais de sete décadas antes, já alertava sobre as consequências reais da intromissão do Estado na economia como agente regulador, financiador ou produtor, por melhores que sejam as intenções declaradas. O leitor brasileiro não terá qualquer dificuldade de identificar similaridades entre os problemas e riscos apontados por Mises neste livro e a realidade atual do país. O liberal clássico não é um anarquista, não é contra a existência do Estado, mas um adversário da ideologia que defende que ele extrapole suas funções naturais de defesa do indivíduo contra agressores internos e externos, do "homem lobo do homem", e passe a ser um agente econômico e um "engenheiro social".

Se a política de escolha de "campeões nacionais" já é escandalosa em si, certos casos são estupefacientes até para os padrões brasileiros históricos de relações pouco republicanas entre governos e empresários selecionados, como o da gigante das telecomunicações Oi, maior operadora do país e generosa doadora de campanhas eleitorais, além de investidora direta numa empresa até então desconhecia com participação acionária do filho do presidente. Acionista controlador da Oi na época, o grupo Andrade Gutierrez foi o maior doador das campanhas do partido do presidente nas eleições de 2006, quando Luiz Inácio Lula da Silva se candidatou à reeleição[9].

A Oi contou com todo tipo de auxílio do governo Lula[10], como a mudança do marco regulatório do setor (Lei Geral de Telecomunicações, de 1997) para permitir a compra da Brasil Telecom, e do BNDES (Banco Nacional de Desenvolvimento Econômico e Social). O objetivo declarado das autoridades brasileiras da época era fazer da Oi a "supertele nacional", mas o resultado foi o exato oposto: em 2016, o

[9] "Acionista controlador da Oi foi o maior financiador do PT em 2006". Folha de S. Paulo (13/01/2008) <http://www1.folha.uol.com.br/fsp/dinheiro/fi1301200817.htm>

[10] "A trajetória da Oi: do posto de supertele à ruína financeira". Revista *Época* (21/06/2016) <http://glo.bo/2iPNMZ4>

conglomerado entrou com o maior pedido de recuperação judicial da história mundial no valor de estonteantes R$ 65 bilhões[11], o que corresponde ao PIB de países como Honduras, El Salvador ou Islândia. O rombo da Oi é mais de cinco vezes superior ao da OGX, de Eike Batista, outro exemplo icônico dos resultados da política de "campeões nacionais".

Ludwig von Mises não se surpreenderia com o desastre de proporções bíblicas da "supertele nacional", mas a imprensa brasileira, muitos analistas e especialistas, ainda tratam o caso como se fosse uma fatalidade, um acidente imprevisível, culpa da "crise internacional", da briga de acionistas, da agência reguladora do setor, entre outras escusas para culpar tudo e todos, menos o verdadeiro culpado: o intervencionismo.

A participação danosa de governos na economia não ocorre apenas anabolizando corporações com conexões políticas e criando bolhas de crescimento insustentáveis, mas também usando a mão de ferro do Estado para atacar ou constranger entes privados que ousam não se alinhar às diretrizes e demandas das autoridades. Neste sentido, o Brasil também conta com um exemplo igualmente chocante de ingerência do Estado num gigante privado por motivações político-ideológicas.

A maior empresa privada nacional na década passada, a Vale S.A. (antiga Companhia Vale do Rio Doce), foi alvo da fúria governamental nos últimos anos do segundo governo Lula, de 2007 até 2010. Líder na produção de minério de ferro

---

11 "Erros que fizeram a Oi dar maior calote da história do país". Exame (29/08/2016) <http://abr.ai/2iPWrKX>

no mundo, a Vale fechou o ano de 2010 com o maior lucro da sua história: R$ 30 bilhões (US$ 17,3 bilhões em valores da época), três vezes o resultado do ano anterior e, segundo a empresa, "o maior da história da mineração"[12].

O resultado marcava o ápice de dez anos de gestão do economista Roger Agnelli (1959-2016) como presidente da Vale, executivo apontado pela revista *Harvard Business Review* como o quarto melhor CEO do mundo entre 1995 e 2010, ficando atrás apenas de Steve Jobs (1955-2010) da Apple, Jeff Bezos da Amazon, e Yun Jong-Yong da Samsung[13].

Entre 2001 e 2011, Agnelli multiplicou por dez o lucro da Vale. A rentabilidade das ações ordinárias, calculada pela consultoria Economática, foi de 834%, já descontada a inflação. No mesmo período, o principal índice da Bolsa de Valores de São Paulo teve uma valorização de 155%. A mais admirável trajetória de um executivo na história do Brasil foi premiada por sua demissão do cargo. Sua saída ocorreu em abril de 2011, pouco mais de um mês após a divulgação do resultado recorde.

A Vale, sob a direção de Agnelli, superou as expectativas mais otimistas de desempenho e é um exemplo sem paralelo de sucesso empresarial no país. Em 2003, apenas dois anos após Agnelli assumir a empresa, a Vale se tornou a maior empresa privada da América Latina. Em 2005, foi a primeira

---

12 "Vale fecha 2010 com lucro recorde de R$ 30,1 bilhões". Portal *G1* (24/02/2011) <http://glo.bo/2jMPqyz>

13 "Roger Agnelli, ex-Vale, é eleito o 4º melhor CEO do mundo". Jornal *Valor Econômico* (26/12/12) <http://www.valor.com.br/carreira/2950760/roger-agnelli-ex-vale-e-eleito-o-4>

empresa brasileira a conseguir o grau de investimento, classificação de risco acima do próprio país. Dois anos depois, chegou a posição de segunda maior mineradora do mundo.

Fundada em 1942 pelo presidente Getúlio Vargas (1882-1954), a Vale foi privatizada em 1997 sob pesados ataques de parte da imprensa e de políticos de oposição ao governo Fernando Henrique Cardoso. Ao ser privatizada, a Vale tinha 11 mil funcionários. Dez anos depois, apesar das previsões dos críticos da privatização de que promoveria uma onda de demissões, contava com 44 mil. Os dividendos pagos aos acionistas no mesmo período, segundo estudo da Fundação Getúlio Vargas (FGV), saltou de 1,12% em 1997 para 26,9% em 2006[14].

A origem da crise entre o governo Lula e a Vale, segundo publicado pela imprensa, começa em 2007 quando Roger Agnelli virou alvo do petista ao encomendar cinco cargueiros da China e da Coreia do Sul. Lula teria dito que a decisão era um "tapa na cara" e passou a criticar publicamente o executivo. Em dezembro de 2008, a Vale anunciou a demissão de 1,3 mil de seus 62 mil funcionários (2% do total), fato também explorado politicamente pelo governo.

A partir desde momento, Lula e seus prepostos começaram a pedir a cabeça de Agnelli aos controladores da empresa. Em 2010, último ano de seu segundo mandato, Lula passou a fustigar o presidente da Vale até em comícios. Agnelli reagiu com declarações de que o governo estava tentando

---

[14] "Vale Melhorou Após Privatização, aponta FGV". Portal *G1* (25/10/2006) <http://g1.globo.com/Noticias/Economia_Negocios/0,,AA1325585-9356,00.html>

"aparelhar" a Vale[15]. Segundo reportagens da época, o Bradesco, principal controlador da Vale, era alvo constante de assédio das autoridades pedindo a demissão de Agnelli.

Entre seus méritos, a mineradora sob a direção de Agnelli soube aproveitar a alta extraordinária do preço das *commodities* no mundo, fenômeno impulsionado pelas importações chinesas entre meados da primeira década do século XXI e o início da década posterior, para realizar investimentos, ampliar a capacidade de produção e fazer aquisições. Nos dez anos em que Agnelli esteve à frente da Vale, as ações da empresa se valorizaram nada menos que 1.583%[16].

Num país com economia livre e a bússola moral na direção correta, estas credenciais seriam mais que suficientes para tornar Agnelli a celebridade mais cultuada e reverenciada do capitalismo brasileiro. O prêmio por seu desempenho recorde e a transformação da ex-estatal num gigante exportador brasileiro foi, na prática, perseguição política e, por fim, sua demissão do cargo no seu melhor ano.

Com a vitória de Dilma Rousseff na eleição de 2010 e a certeza da manutenção do petismo na presidência do país, Agnelli foi desligado da Vale em março de 2011. No início de 2016, o executivo morreu junto com a esposa e os dois filhos

---

[15] "O que selou o destino de Agnelli para que ele perdesse o comando da Vale". *O Estado de S. Paulo* (02/04/2011) <http://economia.estadao.com.br/noticias/geral,o-que-selou-o-destino-de-agnelli-para-que-ele-perdesse-o-comando-da-vale,61198e>

[16] "Roger Agnelli, ex-presidente da Vale, morre em queda de avião em SP". Portal *G1* (19/03/2016) <http://g1.globo.com/sao-paulo/noticia/2016/03/roger-agnelli-ex-presidente-da-vale-morre-em-queda-de-aviao-em-sp.html>

num acidente aéreo em São Paulo, aos 56 anos, sem ver o resgate do seu nome e da sua trajetória. O Brasil ainda precisa fazer justiça, mesmo que póstuma, a ele.

A mais perniciosa intervenção estatal na economia, segundo a escola de pensamento econômico que tem Ludwig von Mises como seu maior expoente, a Escola Austríaca, não acontece de forma tão evidente como nos casos da Oi e da Vale. Se a intromissão do Estado beneficiando ou constrangendo empresas privadas é condenável sob qualquer pretexto, as políticas monetárias e de crédito são as que causam os mais profundos, graves e duradouros problemas econômicos, como Mises explicou ao mundo com a Teoria Austríaca dos Ciclos Econômicos em 1912, no livro *Theorie des Geldes und der Umlaufsmittel*[17] [*A Teoria da Moeda e dos Meios Fiduciários*], lançado em inglês com o título *The Theory of Money and Credit* [*Teoria da Moeda e do Crédito*].

Mais uma vez, o Brasil é bastante generoso em maus exemplos. No nascer da república, o valor da moeda brasileira foi devastado no "Encilhamento", ensinado nas escolas como uma crise capitalista gerada pela especulação financeira que se aproveitou da inexperiência e boa-fé do ministro da Fazenda, Ruy Barbosa (1849-1923). Foi o primeiro pacote econômico do novo regime e que não deixou nada a desejar a nenhum dos seus sucessores na distância entre as promessas e os resultados.

---

[17] MISES, Ludwig von. *Theory of Money and Credit*. Pref. Murray N. Rothbard; intr. Lionel Robbins; trad. Harold E. Batson. Indianapolis: Liberty Fund, 1981.

Com a proclamação da República em 1889, o déficit público do país estava fora de controle e a solução encontrada foi a impressão desenfreada de moeda e um choque de crédito para "estimular" a economia. Em 1890, a quantidade de dinheiro circulando no país aumentou 51,6%, sem qualquer lastro. No ano seguinte, mais 71,8%[18]. Bancos foram criados pelo governo com a meta declarada de dar crédito e derramar dinheiro na economia como forma de impulsionar a retomada do crescimento. O resulto foi um surto inflacionário e a pulverização do valor da moeda.

Políticas inflacionárias, baseadas na injeção de moeda fiduciária na economia, é uma tentação quase irresistível para qualquer governo. Ao inundar o país com moeda, o resultado no curto prazo é um breve crescimento econômico, uma bolha insustentável, mas que gera excelentes dividendos políticos para o governo, especialmente em tempos de recessão, e "no longo prazo, todos estaremos mortos".

Com o tempo, a inflação gerada pela emissão sem lastro vai corroer o valor de compra da moeda. O resultado, na prática, é uma transferência de renda da população para o governo via inflação, um imposto disfarçado, já que o dinheiro adicional entra na economia com valor integral e vai perder seu poder de compra com o tempo, quando já estiver nas mãos da população.

Outras crises econômicas causadas por pacotes "heterodoxos", planos, choques e intervenções "desenvolvimentistas"

[18] IORIO, Ubiratan Jorge. "E para 2017, esperar o quê?" <http://www.mises.org.br/Article.aspx?id=2597#_edn1>

seguiram causando inflação, correndo a moeda e poder de compra da população, como na década perdida de 1980. Pouco mais de um século depois do Encilhamento, os governos Lula e Dilma seguiram o mesmo caminho de expansão brutal da base monetária, especialmente a partir de 2009 quando aprofundaram a ampliação do crédito e baixaram artificialmente a taxa básica de juros da economia[19].

O intervencionismo no Brasil tem uma longa história em todos os campos onde o Estado saiu de suas atribuições naturais de proteção do território nacional contra inimigos externos, mantenedor da ordem pública, garantidor das leis e da Constituição, para perturbar e obstruir a economia. O resultado de tantos anos de intervenção brutal é um país quebrado, uma população empobrecida e endividada com perspectivas nada animadoras para o futuro próximo.

III - A Terceira Via

Em linhas gerais, o intervencionismo é o regime político-econômico que mantém uma fachada de economia de livre mercado enquanto, na prática, subtrai do empresário sua liberdade de decidir como e quando investir, poupar, contratar, demitir, precificar, priorizar e gerir seu negócio,

[19] ROQUE, Leandro. "Como a crescente estatização do crédito destruiu a economia brasileira e as finanças dos governos" <http://www.mises.org.br/Article.aspx?id=2466>

pré-requisito indispensável para empreender, asfixiando sua autonomia de decisão até que ela deixe de existir.

Ludwig von Mises restringia o sentido do termo às intervenções diretas na ação das empresas, mas, como citado no início, diversos autores mais recentes ampliaram o conceito, abrangendo toda ou qualquer interferência ou restrição na economia, direta ou indireta, originada no Estado.

No intervencionismo, o governo é a autoridade máxima de fato da economia e não o consumidor. Seus burocratas participam diretamente da fixação das taxas básicas de juros e do câmbio, expandem a base monetária emitindo moeda fiduciária, fixam preços (no Brasil, os "preços administrados"), criam monopólios, cartéis, protegem setores e empresas selecionados da competição interna e externa, controlam estatais e corporações de economia mista, fazem "parcerias público-privadas", têm laços umbilicais com sindicatos e centrais sindicais e muito mais.

Em resumo, é o sistema em que o capitalismo leva a culpa pelos males do dirigismo estatal e que abre caminho aos poucos para o estatismo pleno. Se o socialismo revolucionário tradicional é mais rápido na tomada do poder, o intervencionismo é mais eficiente na conquista de corações e mentes no longo prazo e, portanto, mais sustentável a longo prazo.

Visto como uma alternativa "progressista" ou "social" ao liberalismo clássico, equidistante entre o capitalismo e o socialismo, o intervencionismo não pode ser nunca aceito como um sistema compatível com o livre mercado. Em vez de uma terceira via, é a quinta-coluna do estatismo e hoje seu pior inimigo.

O intervencionismo, na prática, é estabelecido para manter o controle estatal sobre a economia usando seu poder para criar leis, regulações, portarias, decisões administrativas, alvarás, tributações, pacotes de estímulos, choques de crédito, expansões monetárias, controles de câmbio, capitais, preços e inflação, e muito mais. Após iniciado, o sistema vai minando a confiança da população e do empresariado no capitalismo, que acreditam ser o regime vigente. Seus resultados decepcionantes nutrem sentimentos que criam as condições políticas ideais para que o socialismo seja implementando sem resistências.

Neste sentido, o intervencionismo é o Lockheed F-117 Nighthawk do totalitarismo, o lendário caça-bombardeiro de combate americano lançado na década de 1980 em forma de arraia e que dispunha da tecnologia "*stealth*" (ou "furtiva") para confundir o radar do inimigo. Um avião "furtivo", assim como o intervencionismo, não é invisível, ele apenas aparenta ser um pássaro inofensivo como um pardal enquanto se aproxima do adversário distraído para desferir o ataque final.

Desde a Revolução Francesa, em 1789, o imaginário ocidental é povoado de cenas de tomadas violentas de poder por combatentes utópicos, carismáticos e implacáveis, que partiam para o confronto direto com as "elites" implementando ditaduras "populares" em seus países. As revoluções ocorridas na Rússia, China, Cuba, Camboja, Vietnã ou Coreia do Norte no século passado apenas acrescentaram novas fotos ao álbum mental da população. Mudanças paulatinas no regime, como no experimento do sapo sendo cozinhado lenta e constantemente na panela até morrer sem se dar conta do que está em curso, são muitas vezes também imperceptíveis para a opinião pública.

A Guerra Fria, entre 1945 e 1991, ajudou a consolidar a narrativa ideológica de que o único contraponto às democracias liberais ocidentais é o socialismo de matriz marxista-leninista, com a abolição total e imediata da propriedade privada, a mudança abrupta para uma ditadura de regime de partido único e o fim das liberdades individuais. Muitos ainda associam inocentemente "esquerda" ou "socialismo" apenas às imagens de paradas militares de Moscou e dos paredões de Fidel Castro (1926-2016) e Che Guevara (1928-1967), dos mortos do Holodomor entre 1932 e 1933 na Ucrânia por conta de Josef Stalin (1878-1953), de crianças marchando com o *Livro Vermelho* de Mao Tsé-Tung (1893-1976) e de crânios empilhados pelo Khmer Vermelho de Pol Pot (1925-1998) no Camboja, ficando incapazes de perceber movimentos políticos mais sutis e "furtivos".

Mises não foi evidentemente o primeiro a perceber o risco de uma ditadura dissimulada que infecta um país como um vírus. Alexis de Tocqueville (1805-1859), no monumental *De la démocratie en Amérique* [*Democracia na América*], de 1845, já alertava sobre o perigo de governos que impõem à sociedade um cipoal de regras "detalhistas, complexas, minuciosas e padronizadoras" como forma de dominação. Nestes regimes, o espírito de cada indivíduo não é "quebrado", mas "amolecido, dobrado e guiado" porque ele é "raramente forçado, mas quase sempre impedido de agir". É um tipo de poder que "não destrói, mas constrange a existência; não tiraniza, mas pressiona, enerva, enfraquece e confunde até que a nação seja reduzida a um rebanho de ovelhas tímidas e obedientes em que o governo é o pastor".

A grande contribuição de Mises em *Intervencionismo: Uma Análise Econômica* é fornecer o argumento econômico sobre as consequências reais deste sistema e o alerta de que ele não é, por mais que seus proponentes digam, um meio caminho entre o liberalismo e o socialismo.

IV - O Último Cavaleiro do Liberalismo

Ludwig Heinrich Edler von Mises nasceu em Lemberg, atual Lviv, na Ucrânia. A cidade natal do ilustre economista austríaco era a capital da histórica região da Galícia, sob controle do Império Austro-Húngaro de 1772 até 1919. Lemberg era a quinta cidade mais populosa do império, menor apenas que Viena, Budapeste, Trieste e Praga.

A Galícia, lembrada no Brasil por ser a região de origem dos imigrantes ucranianos do país, era conhecida como "Pequena Polônia" e incluía o sul da Polônia e oeste da Ucrânia dos dias de hoje. Era na Galícia onde também se localizava Wadowice, vilarejo em que nasceu o Papa João Paulo II (1920-2005).

Lemberg era um dos centros mais cosmopolitas do império, com predominância de cidadãos de origem polonesa, um quarto deles judeus como os Mises. Havia também muitos alemães e uma pequena comunidade ucraniana. Os poloneses formavam a elite de Lemberg e eram notórios amantes da liberdade política e religiosa, entusiastas de governos com poderes limitados e um proverbial ceticismo em relação aos políticos. "Amedronte os reis estrangeiros e resista ao seu próprio!", diziam.

Para um leitor do século XXI, o ambiente político e cultural em que Ludwig von Mises foi criado pode parecer tão distante quanto o da Mesopotâmia. A Europa Ocidental do final do século XIX usufruía em parte as benesses da estabilidade política e o desenvolvimento econômico da Era Vitoriana, entre 1837 e 1901, da *Pax Britannica* e da Segunda Revolução Industrial. Já o lado oriental, com impérios e monarquias, vivia as turbulências de conflitos nacionalistas que levariam à conclusão do processo de redefinição do continente para o formato que se conhece hoje.

Enquanto a Europa ocidental prosperava, o Império Austro-Húngaro, de curta duração em termos históricos, existindo de 1867 até 1918, viveu turbulências políticas causadas em parte pelo temperamento de líderes ultranacionalistas, impopulares e jingoístas como o *kaiser* Guilherme II e seu grande amigo, o arquiduque Francisco Ferdinando (1863-1914), herdeiro do trono austro-húngaro cuja morte serviu de estopim para o início da Primeira Guerra Mundial, travada entre 1914 e 1918.

A acachapante derrota dos "Impérios Centrais" na Grande Guerra e a dissolução humilhante destes regimes, causando prejuízos incalculáveis para a população dos seus respectivos países, marcou para sempre a memória de Mises. Ele pode testemunhar, pelo lado perdedor do conflito, as consequências do confronto direto entre países com regimes onde a democracia liberal e o livre mercado são mais fortes, o que incluía as vantagens competitivas de uma indústria bélica em parte privada, e regimes autoritários, intervencionistas e populistas, com Forças Armadas guiadas pela vontade direta de seus imperadores.

Ludwig foi o primeiro membro da família Mises a nascer como parte da nobreza, em 29 de setembro de 1881. Poucos meses antes, o imperador austríaco Francisco José I (1830-1916) concedeu a honraria a seu bisavô, Meyer Rachmiel Mises (1800-1891), fazendo com que toda família incorporasse o "Edler von" antes do último nome. Meyer era um dos líderes da comunidade judaica da cidade e ajudou a financiar a construção de estradas na região, gerando o reconhecimento do imperador. O pai de Ludwig, Arthur von Mises (1854-1903), era um respeitado engenheiro também envolvido com a construção de estradas. Seu irmão Richard von Mises (1883-1953) viria a ser matemático e professor em Harvard.

Aos 12 anos, Ludwig era fluente em alemão, polonês e francês, além de entender ucraniano e ler hebraico e grego. A rigorosa educação germânica da época, a mesma que fez Friedrich Nietzsche (1844-1900) e Albert Einstein (1879-1855) repetirem de ano na escola, é inimaginável para os padrões de hoje.

Os biógrafos de Ludwig von Mises afirmam que, mais que alemão, polonês, ucraniano ou judeu, Mises se identificava como um austríaco. Era admirador da monarquia austro-húngara e dos Habsburgo, mesma família da imperatriz brasileira e austríaca de nascimento Maria Leopoldina (1797-1826), mãe de Dom Pedro II (1825-1891). Mises foi também amigo pessoal do príncipe-herdeiro do trono, o arquiduque

Otto da Áustria (1912-2011). A monarquia austríaca foi abolida em 11 de novembro de 1918 com a derrota na Primeira Guerra Mundial, com os Habsburgo sendo expulsos do país e tendo seus bens confiscados pelo governo.

Mises era um *gentleman* e literalmente um nobre ("Edler" significa "nobre"), um livre pensador que não abria mão de suas convicções ou fazia concessões para agradar interlocutores. Segundo o filósofo austríaco Erik von Kuehnelt-Leddihn (1909-1999), *"se ouvisse algo estúpido, ele diria na hora, além de não tolerar covardia ou ignorância"*. Tinha 1,70m de altura e olhos azuis, andava sempre de terno, era austero e caminhava com firmeza.

Sua carreira se inicia na Universidade de Viena, quando ainda desconhecia as obras seminais da Escola Austríaca de Economia de Carl Menger (1840-1921), Friedrich von Wieser (1851-1926) e Eugen von Böhm-Bawerk (1851-1914). Segundo Mises, bastou a leitura, em 1903, da obra *Grundsätze der Volkswirtschaftslehre*[20] [*Princípios de Economia Política*] de Menger, lançada em 1871, para que se tornasse um economista.

Mises se tornou um respeitado economista em seu país, tendo discípulos como Friedrich August von Hayek (1899-1992) e Joseph Schumpeter (1883-1950). Em 1912, lançou o primeiro dos seus livros, *Theorie des Geldes und der Umlaufsmittel* [*A Teoria da Moeda e dos Meios Fiduciários*], uma obra considerada chave para a Escola Austríaca de

---

[20] MENGER, Carl. *Princípios de Economia Política*. Intr. F. A. Hayek; trad. Luiz João Baraúna. São Paulo: Abril Cultural, 1983.

Economia. Segundo Murray N. Rothbard, *"a teoria monetária austríaca virtualmente começa e termina"* com este livro.

Em 1919, com a derrota da Áustria na Primeira Guerra Mundial, Ludwig von Mises convence o governo austríaco a não adotar o socialismo como resposta à crise. Usando sua amizade com Otto Bauer (1881-1938), ministro das Relações Exteriores da Áustria, chefe do comitê de estatização do país e principal marxista austríaco, Mises literalmente salvou o país do comunismo.

Mises seguiu defendendo o liberalismo e mostrando as falhas dos sistemas alternativos, com destaque para seu devastador *Die Wirtschaftsrechnung im sozialistischen Gemeinwesen*[21] [*O Cálculo Econômico em uma Comunidade Socialista*], ensaio lançado em 1920, que mostrava a impossibilidade do cálculo econômico num regime sem propriedade privada e preços livres. Até hoje, mesmo após sucessivas tentativas desde então, os argumentos miseanos desta obra não foram suficientemente refutados.

Com a ascensão do nazismo, a Áustria deixa de ser um país seguro para um liberal judeu viver. Mises acaba escapando por pouco da perseguição das tropas nacional-socialistas que chegaram a invadir seu escritório em Viena, quando ele já estava a caminho dos Estados Unidos, onde moraria até o final da vida.

---

[21] MISES, Ludwig von. *O Cálculo Econômico em uma Comunidade Socialista*. Apres. Gary North; prefs. Fabio Barbieri & Yuri N. Maltsev; intr. Jacek Kochanowicz; posf. Joseph T. Salerno; trad. Leandro Roque. São Paulo: LVM, 2017.

O mundo pós-guerra foi tomado pelo consenso político-econômico intervencionista, com Mises sendo tratado como um pária pelo pensamento hegemônico do período. Ele pode testemunhar como os encantos das teorias intervencionistas, com destaque para o keynesianismo, são praticamente irresistíveis ao poder, já que fornecem uma proposta de respaldo científico para que o Estado cresça indevidamente de tamanho e poder.

Logo após a morte de Ludwig von Mises em 10 de outubro de 1973, seu discípulo Friedrich August von Hayek venceu o Prêmio Nobel de Economia em 1974, num período em que a "estagflação" engessava as principais economias ocidentais e o consenso keynesiano estava em cheque, mesmo após o rompimento do padrão-ouro do dólar anunciado pelo governo americano em 1971 e a declaração do presidente Richard Nixon (1913-1994) de que "somos todos keynesianos agora", repetindo a famosa frase de Milton Friedman (1912-2006).

O relançamento de *Intervencionismo: Uma Análise Econômica* serve com mais uma importante contribuição para que as ideias da liberdade e do livre mercado, defendidas como poucos por Mises, continuem a oferecer ao mundo a melhor alternativa disponível para o crescimento e desenvolvimento político, econômico e social, no qual a intervenção mais importante para mover a sociedade é a da ação humana livre, racional e voluntária.

Sua firmeza de opiniões, sua personalidade austera e sua fidelidade às próprias convicções foi interpretada por alguns como intransigência. Milton Friedman, que conviveu com Mises na Sociedade Mont Pèlerin, costumava contar em palestras, em tom jocoso, que havido sido chamado de "socialista" por ele num destes encontros, tirando risos da plateia.

O que muitos veem como teimosia ou fanatismo, entretanto, pode também ser visto como integridade e honestidade intelectual, características cada vez mais em falta entre os que buscam influenciar o poder e a opinião pública. Mises poderia facilmente ter conquistado vantagens pessoais e profissionais inimagináveis se abrisse mão de suas convicções e assumisse o pensamento dominante da academia e o consenso keynesiano na política, mas optou por aceitar dignamente a impopularidade do liberalismo e da Escola Austríaca de Economia em seu tempo, seguindo fiel como o *"último cavaleiro do liberalismo"*[22] até o fim.

Se um dia as ideias da liberdade voltarem a dar o tom da política e da economia no mundo, um dos responsáveis será este austríaco que durante sete décadas defendeu o indivíduo e suas escolhas livres e soberanas como o caminho para a prosperidade e para o desenvolvimento humano.

---

[22] HÜLSMANN, Jörg Guido. *Mises: The Last Knight of Liberalism*. Auburn: Ludwig von Mises Institute, 2007.

"É um erro trágico supor que democracia e liberdade são compatíveis com intervencionismo ou com socialismo. O que as pessoas chamam de governo democrático, direitos civis e liberdade individual só pode existir no contexto de uma economia de mercado".

Dr. Ludwig Edler von Mises

Esse notável pequeno livro, escrito por Ludwig von Mises em 1940 e só agora, em 1999, publicado, porque os originais achavam-se perdidos entre os seus papéis, esclarece de forma cristalina e didática os efeitos do intervencionismo na vida das pessoas em geral.

Mises já havia escrito, em 1922, *Die Gemeinwirtschaft: Untersuchungen über den Sozialismus*[23] [*A Economia Coletiva: Estudos sobre o Socialismo*], uma crítica contundente e irrefutável ao então nascente regime socialista implantado na União Soviética, mostrando a impossibilidade lógica do cálculo econômico numa

[23] Traduzido para o inglês em 1936, o livro se encontra disponível atualmente nesse idioma na seguinte edição: MISES, Ludwig von. *Socialism: An Economic and Sociological Analysis*. Pref. F. A. Hayek; trad. J. Kahane. Indianapolis: Liberty Fund, 1992. (N. E.)

Prefácio do Tradutor

Donald Stewart Jr.

economia socialista; foram necessários 70 anos para que o socialismo, como forma de organização social, desmoronasse como havia previsto Mises. Nas Ciências Sociais, como é o caso da Economia, os efeitos, não raro, estão muito distantes das causas, dificultando a percepção da relação de causa e efeito.

Ele já havia escrito *Liberalismus*[1] [*Liberalismo*] em 1927, explicitando, pela primeira vez, o que seria a doutrina liberal e mostrando mais uma vez de forma clara e racional que se o homem prefere a riqueza à pobreza, o liberalismo é o melhor meio de satisfazer esse predominante objetivo da humanidade.

[1] O livro se encontra em língua portuguesa na seguinte edição: MISES, Ludwig von. *Liberalismo: Segundo a Tradição Clássica*. Preâmbulo de Louis M. Spadaro; Prefs. Thomas Woods & Bettina Bien Greaves; trad. Haydn Coutinho Pimenta. São Paulo: Instituto Ludwig von Mises Brasil, 2ª ed., 2010. (N. E.)

Mas, se o regime que mais se aproximou do socialismo foi o vigente no período de dominação soviética na Rússia e se a Inglaterra e os Estados Unidos no século XIX foram os que mais se aproximaram de um regime liberal, o intervencionismo – que é o regime, em maior ou menor grau e por mais tempo, vigente na maior parte dos países do mundo moderno – ainda não tinha sido objeto de uma análise conceitual que explicasse a sua lógica e as consequências inevitáveis da sua implementação.

Essa lacuna veio agora ser preenchida com o feliz achado do texto ora publicado. Como em seus demais textos, a análise que Mises faz do intervencionismo é desapaixonada, racional, conceitual, sem julgamentos de valor; ele procura mostrar quais são os efeitos inevitáveis do intervencionismo, e se esses efeitos não são os desejados pela imensa maioria das pessoas, a conclusão inevitável é que sua adoção só pode ocorrer por ignorância.

Pela onipresença do intervencionismo no mundo moderno, este ensaio deveria ser leitura obrigatória de todos os que se interessam em compreender as relações de causa e efeito da adoção de políticas que tanto nos afetam e que, via de regra, são consideradas apenas por um ângulo emocional, político-demagógico, como se a manifestação de sensibilidade com os mais carentes fosse uma condição necessária e suficiente para erradicar as mazelas que tanto nos afligem.

Como Mises trata do intervencionismo exclusivamente no plano conceitual, para ilustrar os conceitos procurei acrescentar ao texto traduzido alguns comentários remetendo o conceito analisado a algumas situações concretas da realidade brasileira. O leitor poderá identificar inúmeras outras, de tão evidentes e abundantes que são em nosso país. Esses comentários foram introduzidos ao final de cada capítulo, facilitando ao leitor que assim o preferir abster-se da sua leitura.

Ao leitor já mais familiarizado com a leitura de Ludwig von Mises, bom proveito. Ao leitor que ora se inicia no prazer da leitura de Mises, bem-vindo seja!

Ludwig von Mises viveu uma longa vida – de 29 de setembro de 1881 a 10 de outubro de 1973. Nasceu no que então era o Império Austro--Húngaro, e durante muitos anos foi o principal porta-voz da Escola Austríaca de Economia. A teoria da Escola Austríaca difere de outras correntes de pensamento econômico por não lidar com agregados, números globais ou dados históricos. Sua abordagem é feita a partir da microeconomia e não da macroeconomia, e procura explicar os fenômenos econômicos a partir das ações individuais, do valor subjetivo que cada participante do mercado atribui a determinado bem ou serviço. A visão austríaca da economia é a de um gigantesco leilão, onde cada participante está sempre fazendo um lance para adquirir os bens e serviços que deseja e, ao mesmo tempo, oferecendo algo de que disponha em troca. Partindo da ação individual, passo a passo, com

Prefácio à Edição Norte-Americana

Bettina Bien Greaves

raciocínio lógico, Mises e seus companheiros da Escola Austríaca de Economia foram capazes de explicar a evolução gradual de preços, salários, moeda, produção, comércio, e assim por diante.

Mises foi prolífico. Escreveu inúmeros livros e artigos. Viajou por toda a Europa, fazendo conferências, e adquiriu uma reputação internacional como defensor do capitalismo e ardoroso crítico do intervencionismo. Entretanto, seus argumentos foram abafados pela enorme popularidade das doutrinas macroeconômicas de John Maynard Keynes (1883-1946), cujas propostas de intervenção do governo para fazer gastos públicos tinham grande aceitação entre os políticos.

Ludwig von Mises deixou Viena, indo para a Suíça antes de Adolf Hitler (1889-1945) ocupar a Áustria, em 12 de março de 1938. Lecionou no *Institut de Hautes* Études *Internationales et du Développement* (IHEID) [Instituto Universitário de Altos Estudos Internacionais], uma renomada escola de pós-graduação em Genebra de 1934 até 1940, quando então emigrou para Estados Unidos. Tinha conseguido estabelecer uma boa reputação na Europa. Mas quando chegou à América, aos 59 anos, era um estranho, numa terra em que ninguém o conhecia, tendo, portanto, que começar praticamente da estaca zero. Foi logo designado pelo National Bureau of Economic Research [Agência Nacional para Pesquisa Econômica] para escrever o texto deste livro[1].

Quem já conhece os outros livros de Ludwig von Mises não irá encontrar nada de especialmente novo neste texto. Mises era um crítico contumaz da intervenção do governo, e apontava suas consequências, que impediam os indivíduos de realizar os seus vários objetivos. Não obstante, em nenhum de seus outros textos conseguiu explicar de forma tão simples e tão clara os inconvenientes da intervenção governamental.

Mises escreveu este livro – *Interventionism: An Economic Analysis* – na sua língua nativa, o alemão. Depois de

---

[1] A despeito do título parecido, o livro de Ludwig von Mises, lançado originalmente em alemão em 1929 como *Kritik des Interventionismus* [*Crítica ao Intervencionismo*] e com uma tradução inglesa de Hans F. Sennholz publicado em 1977 com o título *Critique of Interventionism*, é uma obra muito diferente desta. Aquele é uma antologia de artigos criticando as doutrinas e propostas intervencionistas formuladas nos anos 1920, ao passo que este é uma exposição clara e simples sobre a teoria da interferência governamental. (N. O.)
O livro *Critique of Interventionism* foi traduzido para o português pelo Instituto Liberal sob o título *Uma Crítica ao Intervencionismo*. (N. T.)
A tradução publicada pelo Instituto Liberal em 1987 foi relançada em 2010 pelo Instituto Ludwig von Mises e atualmente se encontra disponível na seguinte edição: MISES, Ludwig von. *Crítica ao Intervencionismo: Estudo sobre a Política Econômica e a Ideologia Atuais*. Apres. Richard M. Ebeling; prefs. Adolfo Sachsida & F. A. Hayek; intr. Hans F. Sennholz; posfs. Don Lavoie & Murray N. Rothbard; trad. Arlette Franco. São Paulo: LVM, 2017. (N. E.)

ser traduzido pelos doutores Thomas McManus e Heinrich Bund, ele deu o texto como "pronto para publicação". Entretanto, aparentemente, nada foi feito, e o manuscrito desapareceu. Para satisfazer suas necessidades, Mises continuou a escrever e a fazer conferências. Em 1944 foram publicados *Bureaucracy*[2] [*Burocracia*] e *Omnipotent Government*[3] [*Governo Onipotente*]. Em 1945 foi indicado como professor-visitante na Graduate School of Business Administration [Escola de Pós-Graduação em Administração de Empresas] da New York University (NYU), e começou novamente a lecionar. Em 1946 passou a trabalhar na Foundation for Economic Education (FEE) como um assessor em tempo parcial. Muitos outros livros, a partir de então, foram publicados, especialmente sua obra magna, *Human Action: A Treatise on Economics*[4] [*Ação Humana: Um Tratado de Economia*] em 1949.

---

[2] O livro foi publicado em português na seguinte edição: MISES, Ludwig von. *Burocracia*. Ed. e pref. Bettina Bien Greaves; apres. Jacques Rueff; pref. Alex Catharino; posf. William P. Anderson; trad. Heloísa Gonçalves Barbosa. São Paulo: LVM, 2019. (N. E.)

[3] Atualmente a obra, que será lançada em breve pela LVM Editora em língua portuguesa, está disponível nessa edição em inglês: MISES, Ludwig von. *Omnipotent Government: The Rise of the Total State and Total War*. Ed. e pref. Bettina Bien Greaves. Indianapolis: Liberty Fund, 2011. (N. E.)

[4] Traduzido para o português pelo Instituto Liberal sob o título *Ação Humana: Um Tratado de Economia*. (N. T.)

A tradução lançada pelo Instituto Liberal em 1990, atualmente está disponível na seguinte edição: MISES, Ludwig von. *Ação Humana: Um Tratado de Economia*. Trad. Donald Stewart Jr. São Paulo: Instituto Ludwig von Mises Brasil, 3ª ed., 2010. (N. E.)

Este livro, *Intervencionismo: Uma Análise Econômica*, foi escrito em 1940, antes de os Estados Unidos entrarem oficialmente na Segunda Guerra Mundial, em 8 de dezembro de 1941. Nesta obra Ludwig von Mises apresenta sua penetrante percepção da economia de guerra da Alemanha de Adolf Hitler e da Itália de Benito Mussolini (1883-1945). Critica os governos aliados de antes da guerra por terem favorecido o socialismo e o intervencionismo em detrimento dos métodos de produção capitalistas. Na realidade, ele atribui a falta de preparação militar dos Aliados ao fato de terem se deixado influenciar pela propaganda anticapitalista e por terem preferido condenar os lucros decorrentes da guerra em vez de se preparar para combatê-la.

> Quando as nações capitalistas, em tempos de guerra, deixam de utilizar a superioridade industrial que seu sistema econômico lhes proporciona, sua capacidade de resistir e suas chances de vitória ficam consideravelmente reduzidas. [...][5]
>
> A derrota da França e a destruição das cidades inglesas foi o primeiro preço pago em consequência das medidas intervencionistas impedindo a existência de lucros de guerra[6].

Ao longo de sua carreira, Mises sempre procurou mostrar que, na sua luta pela sobrevivência, os indivíduos enfrentam

---

[5] Na presente edição, ver o capítulo 6: "Economia de Guerra". p. XX. (N. E.)

[6] Idem. *Ibidem*., p. XX. (N. E.)

riscos e incertezas. Têm que superar inúmeros obstáculos, tanto os naturais como os criados pelo próprio homem.

Catástrofes naturais, como terremotos, inundações, furacões, deslizamentos de terra, avalanches e incêndios, podem interromper os nossos planos. Catástrofes provocadas pelo homem, tais como guerras, roubos, fraudes e intervenções do governo, também podem interromper os nossos planos. Em relação aos obstáculos que a natureza coloca no seu caminho, os homens não têm alternativa além de lidar com eles da melhor maneira possível. Em relação aos obstáculos criados pelo próprio homem, entretanto, a situação é diferente: existem alternativas. Existe a possibilidade de evitá-los ou eliminá-los.

Ao explicar como funciona o mercado, Mises critica as intervenções do governo – controles, regulamentação, restrições, privilégios e subsídios para alguns à custa de outros. Ele sempre procurou mostrar, como faz neste livro, que, ainda que implementadas com a melhor das intenções, essas intervenções governamentais acabam gerando uma situação que os seus próprios defensores consideram pior do que a situação anterior que pretendiam melhorar. Não obstante, explica ainda Mises, tendo tais obstáculos sido criados pelo homem, podem ser evitados e eliminados – uma vez que as pessoas percebam que o governo não deveria interferir na inter-relação pacífica das pessoas.

Mises também procurou mostrar que o papel do governo devia ser limitado. O governo deveria proteger igualmente a vida e a propriedade de todas as pessoas sob sua jurisdição. Deveria arbitrar as disputas entre os indivíduos de forma a assegurar, na medida do possível, a mesma justiça para todos.

Fora disso, deveria apenas assegurar a liberdade para que cada um pudesse buscar o seu próprio destino. É um fato auspicioso que esse manuscrito, que explica de forma tão clara esses princípios básicos, tenha sido agora encontrado entre seus papéis e, por meio desta publicação, esteja sendo colocado à disposição do público.

INTERVENCIONISMO

UMA ANÁLISE ECONÔMICA

Este ensaio tem por propósito analisar, do ponto de vista econômico, os problemas causados pela interferência do governo na atividade econômica. As consequências políticas e sociais decorrentes de uma política intervencionista[1] só podem ser avaliadas e julgadas com base na compreensão de seus efeitos e implicações econômicas.

Desde que os governos europeus, nas últimas décadas do século XIX, começaram a adotar um tipo de política que, embora hoje seja

[1] Neste ensaio, o termo "intervencionismo" é usado no sentido que lhe tem sido atribuído por sucessivas gerações de economistas. Refere-se à política de intervenção do governo na atividade econômica no plano doméstico. Não deve ser confundido com a acepção política do termo "intervencionismo", usado para designar a política internacional que se contrapõe ao "isolacionismo", como na atual controvérsia sobre a posição que os Estados Unidos devem adotar em relação à Segunda Guerra Mundial.

Prefácio do Autor

frequentemente denominada "progressista", representava apenas um retorno à política mercantilista adotada no século XVII e princípios do século XVIII, os economistas[2] têm persistentemente procurado mostrar a inconsistência e a futilidade dessas medidas, assim como prever as suas consequências políticas e sociais. Essas advertências foram

[2] Ao longo deste livro, assim como em outras obras de sua autoria, Ludwig von Mises qualifica como economistas aqueles que entendem a Economia como um ramo da Praxiologia – a ciência da ação humana. Na visão misesiana, a maior parte dos economistas, embora formados por prestigiosas universidades, não poderia ser verdadeiramente qualificada como economistas. Esse esclarecimento, parece-me, se faz necessário porque no caso brasileiro o leitor constatará que a grande maioria dos "economistas" formados em respeitáveis universidades nacionais, como a Pontifícia Universidade Católica (PUC), a Universidade de São Paulo (USP) e tantas outras, frequentemente defende medidas intervencionistas. Esse paradoxo levou o economista Paulo Guedes a observar num debate público que, infelizmente, *"a grande maioria dos economistas brasileiros não sabe economia"*. (N. T.)

sempre ignoradas pelos governos, pelos partidos políticos e pela opinião pública, que as ridicularizavam qualificando-as como "ortodoxas", ao mesmo tempo em que exaltavam as suas vitórias sobre a teoria econômica, sem perceber que eram apenas vitórias de Pirro.

A inevitável sequência de eventos que decorre da aplicação de medidas intervencionistas veio demonstrar o acerto das previsões dos economistas. As previsíveis consequências políticas, como agitação social, regimes ditatoriais e guerra, não tardariam a ocorrer.

Este ensaio não pretende analisar especificamente a política do *New Deal*[3] adotada pelo governo dos Estados

---

[3] Referência ao programa governamental implementado pela administração presidencial norte-americana de Franklin Delano Roosevelt (1882-1945), entre 1933 e 1937. O chamado *New Deal* [Novo Acordo] se caracterizou pela expansão dos gastos públicos, pela criação de programas sociais governamentais, pela ampliação da burocracia estatal e pelo crescimento da intervenção do governo na economia. Um programa semelhante, denominado *Fair Deal* [Acordo Justo], foi implementado pela gestão presidencial de Harry S. Truman (1884-1972), entre 1945-1953, no qual as medidas intervencionistas do *New Deal* foram ampliadas para outras áreas, dentre os quais se destacam, por exemplo, o apoio ao nascente movimento pelos direitos civis, a tentativa de criar um programa universal de saúde pública, a ampliação das políticas de bem-estar social, o aumento da regulamentação trabalhista, o avanço da intervenção federal nas políticas educacionais locais, os subsídios para a construção de moradias e para a agricultura, a alocação de verbas públicas para diversos programas para os veteranos da Segunda Guerra Mundial e a criação de uma série de projetos federais nos estados, desrespeitando autonomia dos estados. Com os objetivos principais de eliminar a pobreza e de reduzir as injustiças raciais, foi implementado entre 1964 e 1965, durante a administração de Lyndon B. Johnson (1908-1973), o programa federal *Great Society* [Grande Sociedade], que por intermédio de uma série de reformas, expandiu e ampliou a atuação governamental e os gastos estatais nas áreas de educação, saúde, assistência social, desenvolvimento urbano, transporte público, promoção

Unidos. Procura lidar com o intervencionismo de uma maneira geral, e suas conclusões são válidas para todos os casos de políticas intervencionistas, qualquer que seja o país que as tenha adotado. Já havia, nos Estados Unidos, um considerável grau de intervenção na economia, muito antes de 1933. O *New Deal* é apenas a manifestação atual, essencialmente norte-americana, de um tipo de política que já vem sendo adotada há muitas décadas – inclusive nos Estados Unidos. Para um economista não há nada de novo no *New Deal*. Difere das políticas adotadas pelo kaiser Guilherme II (1859-1941) e pela República de Weimar apenas na medida necessária para se ajustar às condições específicas dos dias de hoje nos Estados Unidos. E coloca o povo americano diante do mesmo dilema em que se encontrava o povo alemão há dez anos.

Este ensaio tem um caráter essencialmente econômico e, portanto, não lida com os aspectos legais e constitucionais do problema. As leis e as constituições devem ser feitas para servir o povo, e não para governá-lo. Devem ser formuladas e interpretadas de maneira a que o desenvolvimento econômico seja benéfico para todos os segmentos da nação. Se não forem capazes de proporcionar esse resultado, as leis e sua interpretação deveriam ser modificadas.

O tema tratado neste livro tem sido exaustivamente analisado na literatura contemporânea: quase todo dia

dos direitos civis, financiamento artístico e cultural, proteção do meio-ambiente e defesa do consumidor, sendo apresentado pela propaganda governamental como um segundo *New Deal*. (N. E.)

surgem novas contribuições. Mas geralmente essas análises se preocupam, essencialmente, com alguma medida específica e com os seus efeitos no curto prazo. Infelizmente, esta não é a melhor forma de analisar o problema, porque considera as consequências imediatas de determinada intervenção sem considerar os seus efeitos em longo prazo. Considera apenas os supostos benefícios, sem levar em conta os custos e os prejuízos.

Dessa maneira, sem dúvida fica extremamente difícil conseguir formar uma visão abrangente das consequências sociais e econômicas do intervencionismo. Não se pode negar que alguns indivíduos ou alguns grupos de indivíduos serão beneficiados no curto prazo, pela adoção de alguma medida intervencionista. O essencial, entretanto, é procurar saber que outras consequências advirão, particularmente se se tentar estender esses mesmos benefícios para grupos maiores ou mesmo para toda a população. É, portanto, de fundamental importância procurar analisar uma política intervencionista por suas consequências como um todo; não apenas por seus efeitos no curto prazo, mas também no longo prazo.

Seria uma interpretação absolutamente equivocada considerar essas minhas observações como uma crítica às pessoas ou aos políticos que, no momento, detêm o poder. Minha crítica deve ser entendida como dirigida à doutrina intervencionista, e não às pessoas que a praticam. Qualquer que seja a Constituição de um país, os governos sempre procurarão adotar aquelas políticas que a opinião pública considera mais adequadas e mais benéficas. Se tentarem se opor à doutrina dominante, logo serão substituídos por pessoas dispostas a atender às demandas do povo em geral. Mesmo os ditadores só podem se manter no poder se tiverem a aprovação das massas. O totalitarismo de nossos dias é uma consequência da generalizada aceitação das ideologias totalitárias; só poderá ser superado se houver uma mudança filosófica.

Se quisermos compreender os problemas econômicos, é imperioso não nos deixarmos levar por preconceitos e opiniões preconcebidas. Se estamos convencidos de antemão que certas medidas recomendadas como benéficas para certos grupos, por exemplo, operários ou fazendeiros, realmente os beneficiam e não os prejudicam, e se não estivermos dispostos a rever nossos preconceitos, jamais conseguiremos aprender alguma coisa. A verdadeira tarefa da análise econômica é mostrar se determinada política, recomendada por diversas facções e grupos de pressão, realmente proporcionará os resultados que os seus defensores imaginam.

Não basta tentar qualificar o sistema capitalista (ou seja, a economia de mercado) como bom ou mau. A questão essencial é procurar entender se seria conveniente para as massas em geral a adoção de outro sistema que não a economia de mercado. Apontar algum inconveniente que a economia de mercado não foi capaz de eliminar não quer dizer que o socialismo ou o intervencionismo sejam viáveis ou desejáveis.

É fácil contestar as objeções desse tipo feitas ao sistema capitalista. Bem mais difícil é defendê-lo quando é acusado de ter provocado efeitos que, na realidade, são uma consequência de políticas anticapitalistas. O homem, quando toma o seu café de manhã, não pensa: "O capitalismo trouxe essa bebida até a minha mesa". Mas quando lê nos jornais que o governo do Brasil ordenou a destruição de parte da colheita de café, ele não percebe tal medida como uma intervenção do governo[4]. O que lhe vem à mente é: "É nisso que dá o capitalismo".

Uma análise dos problemas que são tratados neste livro tem de ser conduzida estritamente com base na lógica e deve evitar qualquer apelo às emoções, para que o julgamento objetivo não seja deformado. Consequentemente, procurei me abster de tentar fazer com que esse ensaio ficasse mais agradável, o que teria sido possível pela inclusão de algumas histórias divertidas expondo o ridículo da adoção de algumas medidas absurdas de política econômica. Espero que o leitor aprecie essa seriedade.

Algumas pessoas poderão objetar, alegando ser insuficiente discutir esses problemas apenas do ponto de vista econômico; a discussão deveria considerar não apenas os aspectos econômicos, mas também a política, a filosofia de vida, os valores morais. Discordo peremptoriamente. Todas as discussões políticas de nossos dias giram em torno de

---

[4] O autor se refere à política cafeeira implementada pela administração do presidente Getúlio Vargas (1882-1954), que, diante da Crise de 1929 e de uma superprodução do produto, tentou evitar novas quedas no preço do café, principal comódite exportada pelo Brasil e base da economia nacional. O governo federal criou, em 1931, do Conselho Nacional do Café (CNC), substituído, em 1933, pelo Departamento Nacional do Café (DNC), por intermédio do qual no período entre 1931 e 1934 foram queimadas ou jogadas no mar aproximadamente 80 milhões de sacas de café, além de se ter adotado regulamentações estatais que, visando desestimular o cultivo deste item, proibiram novas plantações por um prazo de três anos e reprimiram as despesas de produção através da redução de salário. (N. E.)

capitalismo, socialismo e intervencionismo. Certamente existem muitas outras coisas importantes em nossas vidas. Mas os nossos contemporâneos – e não apenas os economistas – colocaram o problema da organização econômica da sociedade como a questão central do pensamento político.

Todos os partidos políticos priorizam os aspectos econômicos sobre quaisquer outros; recomendam a adoção de seus programas, assegurando que a sua implementação fará com que seus defensores fiquem mais ricos. Todos os grupos de pressão se empenham em obter vantagens econômicas; todos os partidos hoje em dia são facções econômicas. Hitler e Mussolini proclamam: "Nós, os 'sem-nada', vamos à luta para tomar uma parte da riqueza dos plutocratas". A principal batalha dos nossos dias se trava para saber quem deve deter a propriedade. Não podemos negar a existência desse fato.

Não é, portanto, por arrogância ou por estreiteza intelectual que somos levados a discutir essas questões, sobretudo por seus aspectos econômicos. Quem não for capaz de formar a sua própria opinião quanto ao difícil e essencialmente técnico problema do cálculo econômico numa sociedade socialista devia se abster de falar sobre o assunto. Não se deve continuar a discutir esses problemas com base nos erros, falácias e preconceitos que têm prevalecido na sua análise cotidiana. Pode ser que seja mais agradável evitar as questões verdadeiras e meramente se restringir a repetir *slogans* emocionais e populares. Mas as consequências são por demais sérias: quem não estiver disposto a examinar o assunto em toda sua extensão e profundidade devia se abster de discuti-lo.

É chegada a hora de nossos contemporâneos reconsiderarem inteiramente suas ideias políticas. Qualquer pessoa que pense seriamente sobre esses temas tem que admitir francamente que as duas doutrinas que dominaram o pensamento político nos últimos vinte anos obviamente falharam. E agora que Adolf Hitler e Josef Stalin (1878-1953) já não escondem sua aliança[5],

[5] Em 1925 eu já havia previsto a cooperação entre os nazistas e os bolchevistas, no meu artigo "Antimarxismus" [Antimarxismo], lançado originalmente no volume 31 do periódico *Weltwirtschaftliches Archiv* e republicado em 1929, no meu livro *Kritik des Interventionismus* [*Crítica ao Intervencionismo*]. Ver: MISES, Ludwig von. *Kritik des Interventionismus: Untersuchungen zur Wirtschaftspolitik und Wirtschaftsideologie der Gegenwart*. Jena: Gustav Fischer, 1929. p. 106. [Quando este livro foi escrito por Ludwig von Mises, em 1940, ainda vigorava o Pacto de Não Agressão, que criou uma aliança entre a União Soviética e a Alemanha nazista, firmada pelo Tratado Molotov-Ribbentrop, assinado, em 23 de agosto de 1939, pelo embaixador soviético Viatcheslav Molotov (1890-1986) e pelo embaixador nazista Joachim von Ribbentrop (1893-1946). Além de estabelecer que haveria cinco anos de paz entre Alemanha e a União Soviética, o documento definia em suas cláusulas os planos de invasão da Polônia, que seria dividida entre as duas nações, bem como a invasão pelos soviéticos da Finlândia, da Estônia, da Letônia e da Lituânia. Em decorrência deste tratado, os nazistas invadiram a Polônia em 1° de setembro de 1939, fazendo com que os governos da França e do Reino Unido, sem saber dos planos secretos de Adolf Hitler (1889-1945) e de Josef Stalin (1878-1953), declarassem guerra à Alemanha em 3 de setembro de 1939. No dia 17 de setembro de 1939 os soviéticos invadiram a Polônia, entretanto, os governates franceses e britânicos, em desrespeito ao mesmo acordo diplomático que os obrigou à declaração de guerra contra a Alemanha, não declararam guerra contra a União Soviética. Sob o nome-código "Operação Otto", o Alto Comando Alemão, em julho de 1940, começou a planejar uma invasão à União Soviética, que foi autorizada pelo *Füher* em 18 de dezembro de 1940, concretizando-se na Operação Barbarossa, iniciada em 22 de junho de 1941, o que rompeu o acordo entre os nazistas e os comunistas, fazendo com que os últimos se unissem aos Aliados na Segunda Guerra Mundial contra as forças do Eixo. (N. E.)]

tanto o antifascismo como o anticomunismo perderam completamente sua importância[6].

Espero com este livro prestar um serviço àqueles que desejam clarear suas ideias e melhor compreender os problemas do mundo atual.

Não posso encerrar esse prefácio sem expressar a minha gratidão aos meus colegas, os doutores Heinrich Bund e Thomas Mac-Manus, que me ajudaram na elaboração e na tradução deste texto.

[6] Já em pleno contexto da Guerra Fria, mais de quinze anos depois de ter escrito esta sentença, o economista austríaco reafirma a posição de que o mero "anticomunismo", sem uma defesa efetiva do livre mercado, não é uma alternativa viável. Sobre a temática, ver o quinto e último capítulo do livro *The Anti-capitalist Mentality* [*A Mentalidade Anticapitalista*], publicado originalmente em inglês no ano de 1956, atualmente disponível em língua portuguesa na seguinte edição: MISES, Ludwig von. "'Anticomunismo' versus Capitalismo". *In*: *A Mentalidade Anticapitalista*. Ed. e pref. Bettina Bien Greaves; apres. F. A. Hayek; pref. Francisco Razzo; posf. Israel M. Kirzner; trad. Carlos dos Santos Abreu. São Paulo: LVM, 3ª ed., 2017. p. 165-75. (N. E.)

I - O problema

Chamamos de *capitalismo*, ou *economia de mercado*, a forma de cooperação social baseada na propriedade privada dos meios de produção.

Por outro lado, socialismo, comunismo ou economia planificada é a forma de cooperação social baseada na propriedade pública dos meios de produção. Os termos "capitalismo de Estado" e "economia autoritária" têm essencialmente o mesmo significado.

Frequentemente tem sido defendida a viabilidade prática de uma terceira forma de cooperação social, qual seja, a de um sistema em que, embora seja mantida a propriedade privada dos meios de produção, o governo possa intervir, por meio de ordens e proibições, no exercício

Introdução

do direito de propriedade. Esse terceiro sistema é denominado *intervencionismo*. Nos dias de hoje, todos os governos que não adotam explicitamente o socialismo tendem a ser intervencionistas, e todos os partidos políticos recomendam pelo menos algum grau de intervenção. Tem sido alegado que o intervencionismo estaria equidistante do socialismo e do capitalismo; que como uma terceira via para solucionar os problemas sociais ficaria a meio caminho entre aqueles dois sistemas; e que, sem perder as vantagens de ambos, evitaria as desvantagens que lhes são inerentes.

Ao longo deste livro, procuraremos analisar a viabilidade e a possibilidade de adotar o intervencionismo como um sistema de cooperação social. Vamos tentar verificar se com esse sistema seremos capazes de atingir os objetivos que os seus defensores gostariam de ver atingidos ou se os resultados serão, talvez, o oposto do que se pretendia quando de sua aplicação.

A importância e a necessidade dessa análise não decorrem de um interesse meramente acadêmico. O intervencionismo é hoje o sistema econômico vigente praticamente no mundo todo, com exceção apenas dos dois países socialistas: a União Soviética e a Alemanha nazista. Portanto, para melhor compreendermos os problemas econômicos de nossos dias é essencial procurar entender como funciona o intervencionismo e quais as suas inevitáveis consequências.

Ao proceder a essa análise vamos nos abster de fazer julgamentos de valor. Consequentemente, não nos propomos a questionar se o intervencionismo é bom ou mau, moral ou imoral, se deve ser recomendado ou condenado. Vamos apenas examinar se com a sua implementação serão obtidos os resultados desejados por seus proponentes. Em outras palavras: a sua implementação fará com que sejam atingidos os objetivos pretendidos?

Para responder a essas questões é mister, antes de tudo, esclarecer qual é o significado das palavras *capitalismo*, *socialismo*, *governo* e *intervenção*.

2 - Capitalismo ou economia de mercado

Numa economia capitalista, os meios de produção pertencem a indivíduos ou a sociedades formadas por indivíduos, tais como as empresas. Os proprietários desses meios de produção utilizam-nos para produzir algo ou os emprestam, mediante alguma forma de compensação, àqueles que desejam utilizá-los para produzir algo. Os indivíduos ou associações de indivíduos que produzem utilizando recursos próprios ou capital que tomam por empréstimo são denominados empresários.

Um exame superficial poderia nos levar a imaginar que são os empresários que decidem o que deve ser produzido e como deve ser produzido. Entretanto, como eles produzem não para satisfazer suas próprias necessidades, mas para atender a necessidades de terceiros, é preciso que seus produtos sejam vendidos, no mercado, aos consumidores, ou seja, para aqueles que desejam consumi-los. Assim sendo, o empresário só poderá ser bem-sucedido e realizar um lucro se for capaz de produzir melhor e mais barato, vale dizer, com um menor dispêndio de material e mão de obra, os artigos mais urgentemente desejados pelos consumidores. Portanto, são os consumidores e não os empresários que determinam o que deve ser produzido. Numa economia de mercado o consumidor é o soberano. É ele que manda, e o empresário tem que se empenhar, no seu próprio interesse, em atender seus desejos da melhor maneira possível.

A economia de mercado tem sido denominada democracia dos consumidores, por determinar através de uma votação diária quais são suas preferências. Tanto a contagem de votos numa eleição como os gastos efetuados no mercado são maneiras de aferir a preferência do público. São os consumidores que decidem, ao comprar ou se abster de comprar, se um empresário será bem-sucedido ou não. Enriquecem empresários pobres e empobrecem empresários ricos. Tomam os meios de produção daqueles empresários que não sabem como utilizá-los para melhor servir os consumidores e os transferem para aqueles que forem capazes de melhor utilizá-los. Na realidade, somente os empresários que produzem bens de consumo têm contato direto com os consumidores; são eles que recebem diretamente as ordens dos consumidores. Mas essas ordens são logo transmitidas aos empresários que estão procurando vender no mercado os seus bens de produção. Os produtores de bens de consumo têm que adquirir, onde for possível, pelo menor preço, os bens de produção que necessitam para atender aos desejos dos consumidores. Se não forem capazes de comprá-los pelos menores preços e utilizá-los de maneira eficiente, não serão capazes de oferecer aos consumidores o que eles desejam e pelo menor preço; outros empresários mais eficientes, que sabem comprar e produzir melhor, logo ocupariam seu espaço no mercado. O consumidor, como comprador, pode decidir com base no seu gosto e na sua fantasia. O empresário tem que decidir pensando sempre na melhor forma de atender ao desejo do consumidor. O empresário que assim não agir verá que o retorno do seu investimento está sendo afetado, causando-lhe prejuízos e, portanto, colocando em risco a sua posição como empresário.

Por ter que contar cada centavo, o empresário muitas vezes é acusado de insensibilidade. Mas são os consumidores que o obrigam a agir dessa forma, porque não estão dispostos a pagar por gastos desnecessários. O que o empresário faz no seu dia a dia para administrar sua empresa lhe está sendo determinado pelos consumidores que, pelo seu comportamento no mercado, indiretamente determinam os preços e os salários e, portanto, a distribuição de renda entre os membros da sociedade. São as escolhas dos consumidores que determinam quem poderá ser empresário e proprietário de meios de produção. A qualidade, a quantidade, o tipo de mercadoria a ser produzido e sua forma de comercialização são diretamente influenciados pela forma como o consumidor gasta seu dinheiro.

Numa economia de mercado, os empresários não formam uma sociedade fechada. Qualquer indivíduo pode se tornar um empresário, se for capaz de melhor antever a evolução do mercado, se conseguir inspirar confiança nos detentores de capital e se suas tentativas de agir por conta própria forem bem-sucedidas. Uma pessoa se torna um empresário, literalmente, abrindo seu próprio caminho e se expondo ao teste a que o mercado submete todo aquele que deseja ser ou permanecer empresário. Qualquer pessoa tem o privilégio de poder escolher se quer ou não se submeter a esse exame rigoroso. Não precisa ser convidado; precisa tomar a iniciativa e cuidar de saber onde e como poderá obter os meios necessários para exercer sua atividade empresarial.

Há décadas vem sendo dito que na atual situação de "capitalismo tardio" já não é mais possível a uma pessoa egressa da classe pobre ascender a uma posição de empresário. Nunca conseguiram provar que isso fosse verdade. Desde que essa tese começou a ser enunciada, a composição da classe empresarial já mudou muito; um grande número de empresários, e seus herdeiros, já deixou de sê-lo, e os mais destacados empresários dos nossos dias são, uma vez mais, pessoas que se fizeram por si mesmas (*self-made men*). Essa permanente recomposição da elite empresarial é tão velha quanto a própria economia capitalista, e parte integrante da mesma.

O que foi dito antes em relação aos empresários se aplica igualmente aos capitalistas. Um detentor de capital que não o empregue de maneira adequada (do ponto de vista do consumidor), isto é, de modo que os meios de produção sejam utilizados da maneira mais eficiente a serviço do consumidor, não conseguirá aumentar ou manter o seu capital. Se não quiser perder dinheiro, o capitalista tem que colocar seus recursos à disposição de empresas bem-sucedidas. Numa economia de mercado os capitalistas, assim como os empresários e os trabalhadores, servem os consumidores. Não parece ser necessário acrescentar que os consumidores não são apenas consumidores, e que a totalidade de consumidores é igual à totalidade de trabalhadores, empresários e capitalistas.

Num mundo em que as condições econômicas permanecessem absolutamente inalteradas, o que os empresários gastassem na aquisição de meios de produção, como salários, juros, aluguéis, lhes seria depois devolvido por estar incluído no preço de seus produtos. Os custos de produção seriam, portanto, iguais aos preços dos produtos, e os empresários não teriam lucro nem prejuízo. Mas, na realidade, as condições econômicas mudam a todo instante e, por isso, a atividade produtora é essencialmente incerta e de caráter especulativo. Os bens são produzidos para atender a uma demanda futura, sobre a qual não podemos ter no presente uma certeza absoluta. É essa incerteza que dá origem aos lucros e perdas; lucros e perdas empresariais dependem de sua capacidade de antecipar corretamente a demanda futura.

O empresário bem-sucedido é aquele que consegue antever os futuros desejos dos consumidores, melhor do que os seus competidores. Para o empresário, na qualidade de vassalo do consumidor, é irrelevante se os desejos e necessidades dos consumidores decorrem de uma escolha racional ou emocional, moral ou imoral. O empresário procura produzir o que o consumidor quer. Nesse sentido pode-se dizer que ele é amoral. Pode tanto fabricar bebidas e armas como alimentos e roupas. Não lhe cabe dizer ao seu soberano como se comportar. Se um empresário, por razões éticas, se recusar a fabricar uísque, outros o farão enquanto as pessoas estiverem dispostas a pagar um preço compensador por uma garrafa de uísque. Não é porque existem destilarias que as pessoas bebem uísque; é porque as pessoas bebem uísque que existem destilarias. Podemos deplorar essa realidade. Mas precisamos compreender que o aprimoramento moral da humanidade não é uma função empresarial. E os empresários não devem ser considerados culpados se aqueles cujo dever específico consiste em aprimorar moralmente a sociedade não conseguiram cumprir sua missão.

Assim sendo, numa economia capitalista, produção e consumo são determinados exclusivamente pelo funcionamento do mercado, que é o centro nervoso do sistema. É através do mercado que as ordens dos consumidores são transmitidas aos produtores, permitindo assim um funcionamento suave da economia. Os preços estabelecidos pelo mercado fazem com que a oferta e a demanda se equilibrem automaticamente. Quando, mantidas iguais as demais variáveis, aumenta a oferta de bens, os preços caem; quando, mantidas iguais as demais variáveis, a demanda aumenta, os preços sobem.

Uma coisa mais deve ser acrescentada. O fato de que numa sociedade baseada na propriedade privada dos meios de produção alguns desses meios pertençam e sejam operados pelo Estado não significa a existência de uma economia mista, que compatibilize o socialismo com a propriedade privada. Na medida em que apenas algumas empresas sejam estatais, permanecendo as demais privadas, as características da economia de mercado que determinam a atividade econômica não ficam gravemente prejudicadas. As empresas estatais, como compradoras de matéria-prima, bens semiacabados e mão de obra e como vendedoras de bens e serviços também têm que se adequar ao funcionamento da economia de mercado; também estão sujeitas às leis do mercado. Para não perder posição, precisam ter lucro ou, pelo menos, evitar perdas. Quando o governo tenta atenuar ou eliminar essa dependência cobrindo seus prejuízos com a concessão de subsídios, está apenas transferindo o problema. Os recursos necessários para a concessão de subsídios precisam ser obtidos de alguma forma. Podem ser obtidos com a cobrança de impostos; essa carga tributária produzirá os seus efeitos no mercado; é o mercado, e não o departamento da receita que decide quem irá pagar os impostos e de que maneira a carga tributária irá afetar a produção e o consumo. Não há como escapar das inexoráveis leis do mercado[1].

---

[1] Esse ponto foi mais extensamente elaborado em meu seguinte livro: MISES, Ludwig von. *Nationalökonomie, Theorie des Handelns und Wirtschaftens*. Geneva: Editions Union Genf, 1940, pp. 224-28.

Ver, *Human Action*, o livro escrito por Mises em inglês com base em *Nationalökon-*

3 - A Economia Socialista

Numa sociedade socialista, todos os meios de produção pertencem ao Estado. O governo decide o que deve ser produzido, como deve ser produzido e aloca a cada indivíduo uma parte dos bens de consumo.

Esse sistema pode ser implementado segundo dois diferentes modelos.

O primeiro modelo – podemos denominá-lo modelo marxista, ou russo – é totalmente burocrático. Todas as atividades econômicas são exercidas por agências do governo, como o são o Exército, a Marinha ou o Departamento dos Correios. A relação de cada fábrica, loja ou fazenda com a administração central é a mesma que uma agência de correios tem com o Departamento dos Correios. A nação como um todo é constituída por um exército de trabalhadores obrigados a prestar um serviço compulsório; o comandante desse exército é o chefe de Estado.

O segundo modelo – podemos denominá-lo modelo alemão[2] – difere do primeiro na medida em que aparente e nominalmente mantém a propriedade privada dos meios de produção, a atividade empresarial e as trocas efetuadas no

---

omie, páginas 233-35 da primeira edição, de 1949, ou páginas 232-34 das demais edições. (N. O.)

Na tradução de *Ação Humana* publicada pelo Instituto Liberal, ver as páginas 231-33 da 1ª edição ou as páginas 232-34 da 2ª edição. (N. T.)

Ver as páginas 287-89 da edição publicada pelo Instituto Mises Brasil. (N. E.)

[2] Tendo este texto sido escrito em 1940, Mises se refere obviamente ao regime nazista então vigente na Alemanha. (N. T.)

mercado. Os empresários compram e vendem, pagam os trabalhadores, contraem dívidas, pagam juros e amortizações. Mas são empresários apenas aparentemente. O governo determina a esses pseudo-empresários como e o que produzir, para quem vender, bem como por que preços podem comprar e vender. O governo decreta para quem e em que condições os capitalistas devem emprestar seus recursos, assim como, onde e por que salários devem os trabalhadores ser contratados. Nessas condições, o funcionamento do mercado é meramente uma impostura. Como todos os salários, preços e juros estão sendo fixados pelas autoridades, são salários, preços e juros apenas na aparência; na realidade eles expressam simplesmente uma relação quantitativa determinada autoritariamente. São as autoridades, e não o consumidor, que determinam o que deve ser produzido. Isso é socialismo com uma aparência externa de capitalismo. São mantidos os rótulos de uma economia de mercado capitalista para designar um conteúdo completamente diferente daquele vigente numa verdadeira economia de mercado.

Para evitar que se confunda socialismo com intervencionismo é preciso deixar claro que o funcionamento de uma economia de mercado obstruída, ou intervencionismo, difere do socialismo pelo simples fato de continuar a ser uma economia de mercado. As autoridades usam o seu poder de coerção fazendo intervenções que afetam o mercado, mas não querem abolir completamente a economia de mercado. Pretendem que a produção e o consumo sigam caminhos diferentes daqueles que seguiriam se não houvesse a intervenção, e procuram atingir esse objetivo através de ordens, comandos, proibições para cuja implementação dispõe do aparato de coerção do Estado. Mas seguem sendo intervenções isoladas; não constituem um sistema integrado que estabelece todos os preços, salários e juros, o que faria com que produção e consumo fossem integralmente determinados pelas autoridades.

Este livro não pretende examinar a questão da viabilidade de uma economia socialista. O tema objeto de nossa análise é o intervencionismo, e não o socialismo. Consequentemente, vamos apenas incidentalmente mencionar que o socialismo é impraticável como um sistema econômico universal porque numa sociedade socialista não seria possível utilizar a racionalidade matemática em assuntos de natureza econômica. O cálculo econômico usado na economia capitalista baseia-se em preços de mercado, que são estabelecidos pelo mercado para todos os bens e serviços, inclusive para bens de produção e para a mão de obra. Somente preços expressos em moeda corrente podem servir de denominador comum para comparação entre os custos de produção e os valores de venda obtidos no mercado. Só assim pode-se definir em números o provável efeito de uma ação que se pretende implementar ou avaliar o efeito real de ações efetuadas no passado. Numa economia socialista onde não existem preços para os bens de produção – uma vez que eles pertencem inteiramente ao Estado –, não existe a possibilidade de tal comparação.

Vamos supor, por exemplo, que o governo de um país socialista deseje construir uma casa. A casa pode ser feita de tijolo, madeira, pedra, concreto ou aço. Cada um desses métodos de construção tem, do ponto de vista do governo que quer construí-la, conveniências e inconveniências; requer diferentes gastos de material e mão de obra e tem prazos de execução diferentes. Que método o governo escolherá? Ele não tem um denominador comum que lhe permita comparar os diferentes gastos com materiais e mão de obra. Ele não tem como considerar os diferentes prazos de execução e a diferença de vida útil de cada método construtivo. Portanto, ele não tem como comparar gastos e benefícios, custo e retorno. Ele não tem como saber se sua escolha dos meios de produção a serem empregados é a mais racional com base nos valores que ele mesmo atribui aos bens de consumo.

No meio do século passado, por exemplo, tal governo poderia se encontrar diante da circunstância de ter que decidir entre restringir a criação de ovelhas na Europa e passar a criá-las em algum ponto da Austrália. Ou substituir a tração animal pela máquina a vapor. Que meios dispõe o governo para determinar qual dessas inovações é vantajosa do ponto de vista econômico?

Tudo bem, dizem os socialistas, mas o cálculo capitalista também não é infalível; o capitalista também pode errar. É verdade; isso já aconteceu antes e acontecerá de novo, porque toda atividade econômica contém uma expectativa quanto ao futuro, e o futuro é sempre incerto. Todos os planos revelam-se inúteis quando as expectativas em relação ao futuro não se realizam. Esse tipo de objeção não vai ao cerne do problema. Todo cálculo econômico é feito com base no nosso conhecimento *atual* e com base nas nossas expectativas *atuais* quanto ao futuro. O problema não consiste no fato de que podemos errar por termos avaliado mal o futuro, mas, mais propriamente, no fato de que o governo de um sistema socialista não tem como efetuar um cálculo econômico com base nas suas próprias avaliações e expectativas. Por exemplo: se um governo quisesse construir hospitais para tratamento de tuberculose, poderia descobrir depois, quando um meio mais simples e mais eficiente de combater essa doença fosse descoberto, que fez um investimento desnecessário. Mas o ponto crucial é o seguinte: como poderia o governo saber, *hoje*, como construir os hospitais de maneira mais econômica?

Algumas estradas de ferro não teriam sido construídas no início deste século se, àquele tempo, tivesse sido previsto o desenvolvimento que viria a ter a indústria automobilística e a aviação. Mas o empresário que então construía estradas de ferro sabia qual, entre as alternativas de construção, ele deveria escolher, com base nas suas avaliações e expectativas e com base nos preços de mercado que refletiam as avaliações empresariais quanto à demanda futura. É exatamente isso que o governo de uma comunidade socialista não teria como saber. Estaria na mesma situação que o capitão de um navio que tenta navegar sem ter acesso aos recursos da ciência e da arte de navegação. Pressuponha-se que um governo decida levar adiante determinado projeto. Mesmo para tomar essa decisão ele terá que recorrer ao cálculo econômico. A decisão em favor da construção de uma usina elétrica só pode ser tomada se houver consciência de que esse projeto não estará desviando meios de produção que seriam utilizados para atender necessidades mais urgentes. Como sabê-lo sem ter como recorrer ao cálculo econômico?

4 - O Estado Capitalista e o Estado Socialista

Numa economia de mercado a função do Estado consiste em proteger a vida, a saúde e a propriedade de seus cidadãos contra o uso de violência ou fraude. O Estado garante o suave funcionamento da economia de mercado com o peso de seu poder de coerção. Abstém-se, entretanto, de qualquer interferência na liberdade de ação das pessoas que atuam na produção e distribuição, desde que tais ações não envolvam o uso de força ou fraude contra a vida, a saúde, a segurança e a propriedade de terceiros. Isso é o que, essencialmente, caracteriza uma economia de mercado ou capitalista.

Se os liberais[3], isto é, os liberais clássicos, se opõem à interferência do governo nos assuntos econômicos, eles assim o fazem por ter certeza de que a economia de mercado é o único sistema de cooperação social viável e eficiente. Estão convencidos de que nenhum outro sistema poderia proporcionar maior bem-estar e felicidade para o povo. Os liberais ingleses e franceses, assim como os pais da Constituição norte-americana, insistiam na proteção da propriedade privada, não para favorecer os interesses de determinada classe, mas,

[3] O termo "liberal" está sendo aqui utilizado no sentido que lhe era geralmente atribuído no século XIX. Nos países anglo-saxões o termo "liberal" passou a significar o oposto do que significava no passado; hoje designa os que são a favor do intervencionismo ou até mesmo do socialismo. Aqueles que no passado eram chamados de liberais passaram a ser chamados de reacionários, conservadores ou monarquistas econômicos. Essa mudança do significado da palavra liberalismo evidencia bem a vitória das ideias intervencionistas e o desinteresse pelas ideias em favor da economia de mercado. O velho liberalismo perdeu até o seu nome.

sobretudo, para proteger o povo em geral, porque entendiam que o bem-estar da nação e de cada indivíduo estaria mais bem garantido numa economia de mercado.

É, portanto, uma ingenuidade pensar que os verdadeiros liberais, por defenderem a propriedade privada e a limitação das funções do governo, sejam contra a existência do Estado. Eles combatem tanto o socialismo como o intervencionismo por acreditarem na maior eficácia da economia de mercado. Defendem a existência de um Estado forte e bem administrado porque lhe atribuem uma tarefa fundamental: a defesa do funcionamento da economia de mercado.

Mais ingênuos ainda foram os metafísicos prussianos, ao pensar que o programa dos defensores da economia de mercado tivesse um caráter negativo. Os adeptos do totalitarismo prussiano classificaram como negativa qualquer manifestação que se opusesse ao seu desejo de criar mais empregos através de medidas governamentais. O programa dos defensores de uma economia de mercado é negativo apenas no sentido em que qualquer programa é negativo ao excluir todos os demais programas. Por serem positivamente favoráveis à propriedade privada dos meios de produção e à economia de mercado, são necessariamente contra o socialismo e o intervencionismo.

Num regime socialista, todas as atividades econômicas estão sob a responsabilidade do Estado. Todos os estágios da produção estão sob o comando do governo, assim como no Exército ou na Marinha. Não há espaço para a atividade privada; tudo está sob as ordens do governo. O indivíduo é como se fosse um interno de um orfanato ou de uma penitenciária.

Tem que cumprir as tarefas que lhe foram determinadas e consumir apenas o que lhe for alocado pelo governo. Pode ler apenas os livros e textos que forem impressos pela imprensa oficial, e só pode viajar se o governo lhe prover os meios necessários. Tem que assumir a função que o governo lhe determinar e mudar de emprego e de domicílio quando o governo assim o desejar. Nesse sentido, pode-se dizer que os cidadãos de uma sociedade socialista não são livres[4].

5 - O Estado Intervencionista

Num sistema de economia de mercado obstruída, ou intervencionismo, o governo e os empresários atuam de forma distinta no campo econômico. O dualismo – mercado e autoridade – também está presente num sistema em que as trocas efetuadas no mercado são de alguma forma afetadas pela autoridade do Estado. Entretanto, enquanto numa verdadeira economia de mercado o exercício da autoridade se limita a prevenir distúrbios que podem ocorrer numa relação de troca, no caso do intervencionismo o governo interfere no próprio funcionamento do mercado por meio de ações isoladas, emitindo ordens e proibições.

Intervenção é uma ordem isolada emitida pela autoridade que representa o aparato de poder; obriga o empresário e o proprietário dos meios de produção a empregar esses meios

---

[4] *"Liberdade"*, dizem os metafísicos prussianos, *"é meramente um conceito negativo"*. *"Liberdade"*, diz Vladmir Lenin (1870-1924), *"é um preconceito burguês"*.

de uma maneira diferente da que empregariam se agissem pelo que lhes determina o mercado. A ordem pode ser representada por um comando ou uma interdição, os quais podem não ser de ostensiva emissão do governo. Pode ocorrer que os comandos e interdições emanem de outra fonte que disponha de poder também para fazer com que suas ordens sejam obedecidas. Se a autoridade condescende com esse procedimento ou até mesmo o apoia, é como se fosse uma ordem emitida pelo próprio governo. Se o governo não aceita e se opõe a essa transgressão, mas não consegue impedir sua implementação, estamos diante da evidência de que outra autoridade conseguiu se estabelecer, contestando a supremacia do governo.

Sem dúvida o governo tem o poder de emitir comandos e interdições, e também o poder de implementá-los por meio de seu poder de polícia. Mas as questões que nos interessam neste ensaio são: podem essas medidas fazer com que o governo consiga atingir os objetivos que deseja? Ou será que essas intervenções produzirão resultados que, do próprio ponto de vista do governo, são ainda menos desejáveis do que os que seriam obtidos pelo livre funcionamento do mercado que ele está tentando modificar?

Consequentemente, não estamos interessados em saber se o governo está em mãos de pessoas capazes ou incompetentes, dignas ou indignas[5]. Mesmo o mais capaz e mais

[5] Georg Wilhelm Friedrich Hegel (1770-1831) chamava o Estado de *"o Absoluto"*. Ferdinand Lasalle (1825-1864) dizia *"o Estado é Deus"*. O professor Werner Sombart (1863-1941), no seu livro *German Socialism*, que é um *best-seller* na Alemanha nazista e que já foi traduzido para o inglês e para o francês, declara que o *Führer* recebe suas ordens diretamente de Deus. Não desejamos contradizer as

digno dos homens só pode atingir seu objetivo se usar os meios adequados.

Tampouco iremos aqui lidar com as intervenções das autoridades que visem diretamente intervir no consumo de mercadorias. O governo pode, por exemplo, temporária ou permanentemente, proibir o consumidor de comer certos alimentos – digamos, por questões de saúde ou por motivos religiosos. Numa tal situação o governo assume o papel de protetor do indivíduo. Considera o indivíduo incapaz de zelar pelo seu melhor interesse; ele precisaria ser paternalmente protegido para evitar que fizesse mal a si mesmo.

A decisão de implementar ou não medidas dessa natureza é uma questão política, e não econômica. Para os que acreditam que o poder da autoridade emana de Deus e que, portanto, deve agir para com o indivíduo como se fosse a Divina Providência, ou para aqueles que acreditam que a autoridade deve representar os interesses da sociedade em face do conflitante interesse de indivíduos egoístas, essas medidas devem parecer plenamente justificáveis. Se a autoridade é mais sábia do que os seus súditos, cuja inteligência é limitada, se sabe como prover a felicidade de cada um melhor que o próprio indivíduo ou se entende ser sua missão sacrificar o bem-estar do indivíduo em benefício do bem-estar da coletividade, então não devia hesitar em determinar os objetivos de cada indivíduo.

---

afirmações desses grandes homens; queremos apenas esclarecer que elas não são o objeto central de nossa análise.

Seria, evidentemente, um erro acreditar que a tutela da autoridade sobre o indivíduo pudesse ficar restrita a questões de saúde; que a autoridade provavelmente se contentaria em proibir ou limitar o uso de substâncias tóxicas, como ópio, morfina, talvez também álcool e nicotina, mas que fora isso a liberdade individual não seria afetada. Uma vez que se admite que as opções individuais de consumo devem ser supervisionadas e restringidas pela autoridade, a expansão desse controle dependerá apenas da autoridade e da opinião pública que a apoia. Torna-se, então, logicamente impossível evitar tendências favoráveis a que o Estado proteja todas as atividades do indivíduo. Por que proteger apenas o corpo dos males causados por venenos ou drogas? Por que não proteger também nossa mente e nossa alma de doutrinas e opiniões perigosas, que colocam em risco nossa salvação eterna? Privar o indivíduo da liberdade de consumo logicamente conduz à suspensão de todas as liberdades.

Podemos agora retornar ao lado econômico do problema. Ao lidar com os problemas do intervencionismo, a economia se preocupa, principalmente, com aquelas medidas que afetam os meios empregados, e não com os objetivos da ação. E o único padrão cabível para julgar essas medidas é verificar se elas conseguem produzir os resultados pretendidos pela autoridade. O fato de que a autoridade tenha poder para restringir a escolha de consumo a ser feita pelo indivíduo e, assim, alterar os dados do mercado está fora do escopo da análise econômica.

Por essa razão não estamos preocupados com medidas autoritárias, objetivando direcionar o consumo, e que efetivamente atinjam esse objetivo sem afetar outros setores da economia. Aceitamos o comportamento do consumidor no mercado sem levar em consideração em que medida, se alguma, esse comportamento foi influenciado pela autoridade. Aceitamos as escolhas dos consumidores como um fato, sem questionar se o consumidor compra máscaras contra gases por conta própria ou porque o governo lhe ordenou que assim o fizesse, nem se ele compra menos bebidas alcoólicas porque tem outras preferências ou porque o governo pune quem bebe. Nossa preocupação é a de examinar aquelas intervenções da autoridade dirigidas não aos consumidores, mas aos detentores dos meios de produção e aos empresários. E não questionamos se essas intervenções são justificáveis e nem se elas são compatíveis com os nossos desejos ou os desejos dos consumidores. Queremos apenas investigar se com essas medidas o governo consegue fazer com que os seus objetivos sejam atingidos.

6 - O Apelo em Favor da Reforma Moral

Antes de prosseguir, seria conveniente considerar uma doutrina que merece alguma atenção, se não pelo seu conteúdo, pelo menos porque é endossada por alguns dos mais distintos contemporâneos.

Referimo-nos aos que acreditam não ser necessária a intervenção do governo para fazer com que a economia de mercado tenha diferentes resultados daqueles que teria se não fosse obstruída. Os reformistas cristãos e alguns representantes de uma reforma social baseada na ética acreditam que uma consciência moral e religiosa devia orientar as "boas" pessoas também no campo econômico. Se os empresários se preocupassem não apenas com o lucro e com seus interesses particulares, mas também com suas obrigações sociais e religiosas, não haveria necessidade de o governo emitir ordens para que as coisas funcionassem melhor. Não haveria necessidade de reformar o Estado; melhor seria fazer com que houvesse uma purificação moral da humanidade, um retorno a Deus e às leis morais, uma rejeição ao egoísmo e aos malefícios dele decorrentes. Se assim fosse, não seria difícil fazer com que a propriedade privada dos meios de produção fosse compatível com o bem-estar social. A economia ficaria livre das perniciosas consequências do capitalismo sem que a liberdade de iniciativa individual ficasse restringida pela intervenção governamental. O capitalismo Moloch seria destruído sem que fosse necessário substituí-lo pelo Estado Moloch.

Não precisamos examinar aqui os julgamentos de valor subjacentes a essa doutrina. As objeções desses críticos ao capitalismo não são relevantes, e seus comentários sobre o que consideram erros e incompreensões não nos preocupam. O que nos propomos é examinar a sugestão feita de organizar a sociedade com base na propriedade privada dos meios de produção e numa lei moral limitando o exercício desse direito de propriedade. A organização social assim idealizada, na qual os indivíduos, especialmente os empresários, os capitalistas e os proprietários, não seriam mais guiados pela motivação do lucro, mas pelas determinações de sua consciência, não poderia ser qualificada como socialismo. Tampouco poderia ser qualificada de intervencionismo, por prescindir da intervenção do governo para fazer a economia funcionar da maneira desejada.

Numa economia de mercado o indivíduo é livre para agir e dispor de sua propriedade em toda a extensão do mercado; só as suas decisões são levadas em consideração. O que prevalece é a sua escolha, qualquer que ela seja. Sua ação é, para os demais participantes do mercado, um fato que não pode ser desconsiderado. As consequências de sua ação no mercado refletem-se nos lucros e perdas dos demais; são o dente da engrenagem que transmite os efeitos de suas ações para o mecanismo de cooperação social. Numa economia de mercado, a sociedade não determina o que o indivíduo deve ou não fazer; ninguém tem o poder de dar ordens ou exigir obediência; nenhuma força pode ser usada, a não ser para proteger a propriedade privada e o mercado contra o uso de violência. A cooperação é uma consequência natural do funcionamento do mercado. Aqueles que não se ajustarem à cooperação social da melhor maneira que lhes for possível sofrerão as consequências de sua rebeldia, de sua negligência e dos seus erros. Para que haja essa coordenação, basta que o indivíduo aja em conformidade com o seu próprio interesse. Portanto, não há necessidade de ordens emitidas por uma autoridade dizendo o que cada um deve ou não fazer, e nem de um aparato de poder para fazer com que essas ordens sejam cumpridas.

Uma sociedade em que prevaleça o respeito à propriedade privada e às trocas efetuadas no mercado não é compatível com ações fora da lei; para proteger-se contra o uso de forças, fraude ou maldade, a sociedade levanta barreiras legais e usa o aparato de coerção para fazê-las respeitadas. Uma linha divisória é traçada entre o procedimento de acordo com a lei, que é permitido, e o procedimento ilegal, que deve ser coibido pelo aparato policial. Se não fosse assim, qualquer indivíduo poderia ultrapassar a barreira da legalidade.

Os reformistas cujas sugestões estamos aqui analisando pretendem que sejam estabelecidas normas éticas adicionais, além da ordem legal e do código moral existentes para manter e proteger a propriedade privada. Pretendem que a produção e o consumo sejam diferentes daquilo que seriam numa economia de mercado não obstruída, na qual o indivíduo é livre para fazer suas escolhas desde que não violente a propriedade privada alheia. Querem eliminar as forças que guiam as ações individuais numa economia de mercado. Querem substituir o que qualificam como egoísmo, avidez de lucro ou algo equivalente por outras forças. Falam de consciência, altruísmo, temor a Deus, fraternidade. E querem substituir a "produção para o lucro" pela "produção para o uso". Acreditam que isso bastaria para garantir a cooperação harmoniosa entre os homens numa economia baseada na divisão do trabalho de tal forma que não haveria mais necessidade de a autoridade intervir com seus comandos e proibições.

O erro inerente a essa doutrina consiste em não perceber que as forças que ela condena como imorais desempenham um papel muito importante no funcionamento do mercado. Precisamente porque a economia de mercado não exige nada do indivíduo em relação ao uso dos meios de produção; precisamente por não precisar fazer nada que não seja de seu próprio interesse; precisamente porque a economia de mercado o aceita como ele é; e precisamente porque o seu "egoísmo" é suficiente para inseri-lo no contexto da cooperação social, suas atividades não precisam ser direcionadas por normas e nem é necessário que as autoridades o obriguem a isso. Se o indivíduo busca satisfazer seu próprio interesse num contexto de respeito à propriedade privada e às trocas efetuadas no mercado, estará fazendo o que a sociedade espera que ele faça. Ao seguir a motivação pelo lucro, sua ação necessariamente se torna social.

Ao tentar substituir a motivação pelo lucro – o princípio básico da propriedade privada dos meios de produção – pelos assim chamados motivos morais, estaremos anulando a utilidade e a eficiência da economia de mercado. Não basta recomendar que o indivíduo siga a voz da sua consciência e substitua o egoísmo pelo altruísmo para gerar uma ordem social que possa funcionar melhor que a economia de mercado. Não basta sugerir que o indivíduo não deveria comprar pelo menor preço e não deveria vender pelo maior preço. Seria preciso ir além, e estabelecer regras de conduta que orientassem os indivíduos no seu dia a dia.

O reformista pensa, por exemplo, que o empresário está sendo egoísta e insensível quando usa sua superioridade para vender mais barato do que um competidor menos eficiente, forçando-o assim a perder a sua posição empresarial. Mas como deveria agir um empresário "altruísta"? Deveria se abster de vender por preços menores do que os seus competidores? Em quais circunstâncias poderia vender mais barato do que os seus competidores?

O reformista também pensa que o empresário está sendo egoísta e insensível quando se aproveita das condições de mercado e se recusa a vender seus produtos por um preço mais barato, de forma a permitir que os mais pobres, que não têm condições de comprá-los pelo preço vigente, pudessem adquiri-los. Como deveria agir o "bom" empresário? Devia dá-los de presente? Qualquer que fosse o preço estabelecido, por menor que seja, sempre haveria uma demanda não atendida. Quais, dentre os potenciais compradores, teria o empresário o direito de excluir ao estabelecer determinado preço?

Não é preciso analisar em detalhe, agora, as consequências de um desvio do preço estabelecido pelo mercado. Se ao vendedor não for permitido vender mais barato do que os seus competidores menos eficientes, pelo menos uma parte da produção ofertada não será vendida. Se, preocupado com os mais pobres, decidir vender por um preço menor do que o estabelecido pelo mercado, sua produção não será suficiente para atender a todos aqueles que estariam dispostos a comprar por esse preço mais baixo. Voltaremos ao assunto ao analisarmos os efeitos da intervenção na estrutura de preços[6]. Por ora, vamos apenas enfatizar que não basta simplesmente recomendar ao empresário que não se deixe guiar pelo mercado. Seria preciso também dizer-lhe o que fazer. Seria preciso dizer-lhe até onde deveriam ir suas concessões.

---

[6] Veja adiante, Capitulo II, seção 2. p. XX.

Se não é mais a motivação pelo lucro que determina o que e em que quantidade ele deve produzir, teremos que dar-lhe ordens específicas, e ele terá que obedecê-las. Isso significa que sua atividade terá que ser comandada pelo mesmo tipo de ordens autoritárias que os reformistas morais queriam evitar ao apelar para a consciência, a moralidade e o amor fraternal.

Ao falarmos de preços "justos" e salários "razoáveis", temos que ter em mente que o único padrão pelo qual podemos medir a justiça e a razoabilidade de preços e salários é pela compatibilidade com uma ordem social idealizada. E se essa ordem social idealizada prescindir da economia de mercado, para que ela se realize não basta exortar o indivíduo a ser "justo" nas suas ações. É preciso especificar o que considera justo ou injusto em cada circunstância. Além disso, seria necessário estabelecer regras precisas regulando todos os casos possíveis e uma agência que fosse incumbida de interpretar essas regras, zelar pela sua aplicação e ainda complementá-las e modificá-las sempre que necessário. É irrelevante questionar se tal autoridade seria o Estado universal ou um clero teocrático.

Algumas vezes o apelo dos reformistas para que os empresários e proprietários sejam mais altruístas e menos egoístas é dirigido aos trabalhadores. Mas o fator decisivo numa economia de mercado são os consumidores. São eles que determinam as atitudes a serem tomadas pelos empresários e proprietários.

Portanto, esse apelo deveria ser dirigido aos consumidores. Os reformistas teriam que fazer com que os consumidores renunciassem a bens melhores e mais baratos, a fim de proteger os produtores menos eficientes. Os consumidores teriam que boicotar aqueles bens cuja venda pudesse colocar em risco a continuidade de uma situação que fosse considerada socialmente desejada. E os consumidores teriam de autorrestringir suas compras, a fim de tornar possível que seus concidadãos menos favorecidos pudessem também comprar. Se os reformistas esperam uma tal atitude do consumidor, então seria necessário dizer-lhes também como, onde, o que comprar e a que preço. Além disso, teriam que obrigar o consumidor que não quisesse seguir essas instruções a obedecê-las. Se assim o fizessem, os reformistas estariam fazendo precisamente o que queriam evitar, ou seja, a regulamentação da economia por meio de ordens específicas e punição para os que as desobedecessem.

Capítulo

1

I - A Natureza das Medidas Restritivas

Medidas restritivas são medidas adotadas pela autoridade com o propósito principal e direto de desviar a produção, no sentido abrangente do termo, inclusive comércio e transportes, do curso que seguiria se a economia não fosse obstruída. Toda interferência desvia a produção dos caminhos determinados pelo mercado. A característica específica de uma medida restritiva consiste no fato de que o desvio da produção é o objetivo intencional da autoridade que implementou a medida. Toda intervenção, necessariamente, também desvia o consumo do curso que seguiria numa economia de mercado não obstruída. E, nesse particular, também a medida restritiva. Mas desviar o consumo não é o objetivo de

Interferência Via Restrição

seus criadores; o que eles pretendem é influenciar a produção. O fato de essas medidas influenciarem também o consumo é visto como um efeito lateral, que tanto pode ser inaceitável como pode ser tolerado por ser inevitável.

A autoridade pode, através de uma medida restritiva, proibir a fabricação de alguns bens, ou proibir a utilização de algum método de produção ou tornar a fabricação que utiliza tal método mais difícil e mais cara. Dessa forma, a autoridade anula a possibilidade de que sejam empregados meios que estão disponíveis para satisfazer necessidades humanas. Em virtude da intervenção, as pessoas ficam obrigadas a empregar seu conhecimento e habilidade, seus esforços e seus recursos materiais de uma maneira menos eficiente. Tais medidas empobrecem o povo em geral.

Apesar de todas as tentativas de refutar esse argumento, o fato é inquestionável. Se o mercado não for obstruído, as forças que nele atuam tendem a usar os meios de produção da maneira que melhor satisfaça as necessidades humanas. Quando a autoridade interfere nesse processo fazendo com que os fatores produtivos sejam usados de forma diferente, o resultado inexorável é a diminuição da oferta; não há como aumentá-la com medidas restritivas.

Isso já foi provado de forma clara e irrefutável nas amplas análises efetuadas sobre os efeitos econômicos das medidas restritivas mais frequentes e mais importantes, que são as barreiras impostas ao comércio internacional. Seria supérfluo tentar acrescentar algo a esse respeito que já não esteja contido nos ensinamentos da Escola Clássica de Economia Política.

2 - Custos e Benefícios das Medidas Restritivas

Tem sido usado o argumento de que as desvantagens causadas pelas medidas restritivas diminuindo a produtividade e, portanto, restringindo a oferta, são compensadas por vantagens em outras áreas. A autoridade pode alegar, por exemplo, que a preservação de um grupo de produtores menos eficientes seria suficientemente importante a ponto de justificar a diminuição do consumo. Pode considerar justificável que o pão custe mais caro para a população em geral, a fim de que os fazendeiros proprietários de terras menos férteis possam viabilizar a sua produção. Pode também considerar de interesse nacional proibir a utilização de novos equipamentos a fim de proteger as empresas que não possam dispor dessas máquinas, na competição com outros fabricantes melhor equipados. Pela proscrição de lojas de departamentos, cadeias de lojas especializadas e outras formas de organização comercial, a autoridade pode estar possibilitando que o pequeno varejista continue a ser competitivo, embora o consumidor esteja sendo prejudicado.

Se tais medidas forem adotadas com pleno conhecimento de seus efeitos; se a autoridade tem plena consciência do que está fazendo e dos resultados que irá obter, só podemos discordar dos seus objetivos, e não dos meios que está empregando para atingi-los. Os meios empregados estariam sendo compatíveis com os objetivos pretendidos. Do ponto de vista dos *seus* objetivos e propósitos, *sua* ação está correta. Se o seu objetivo é fazer com que os fazendeiros sejam mais bem-sucedidos, a imposição de um ônus sobre os consumidores de pão é um meio adequado e justificaria a adoção de uma tarifa protetora ou mesmo a proibição da importação de grãos e de farinha de trigo.

Todos sabem que essas coisas são apresentadas ao público sob uma ótica diferente. A opinião pública tem sido levada a acreditar que as barreiras tarifárias não reduzem a oferta; ao contrário, aumentam-na. Proteger o pequeno empresário da competição com a grande empresa *(big business)*, proteger o pequeno varejista da competição com as lojas de departamentos e cadeias de lojas são apresentadas como medidas que favorecem o bem-estar geral e evitam que o consumidor seja explorado pelas grandes organizações. Essa tem sido a maneira de conseguir apoio para políticas cuja verdadeira essência consiste em conceder privilégios e vantagens para determinados grupos à custa dos outros grupos da comunidade.

3 - A Medida Restritiva como um Privilégio

Uma política de medidas restritivas favorece os produtores, enquanto uma política que não interfere no funcionamento do mercado favorece os consumidores. Os que são favoráveis à adoção de medidas restritivas costumam justificar essa política alegando que não cabe ao governo beneficiar aqueles que meramente consomem o produto do esforço alheio; ao contrário, o governo deveria ajudar aqueles que estão ativamente engajados na produção. Mas num sistema baseado na divisão do trabalho todos são tanto produtores como consumidores. Não há consumidor cuja renda não seja decorrente da produção. O consumidor é ou um empresário, ou um proprietário de meios de produção ou um trabalhador. Ou, como membro de uma família, é sustentado por algum deles. Por outro lado, todo produtor é, necessariamente, um consumidor. É uma ingenuidade imaginar que determinada medida ou política possa beneficiar um sem prejudicar o outro. Na realidade, o que se pode afirmar com certeza é que quase toda medida restritiva[1] traz vantagens para um limitado grupo de pessoas, enquanto afeta negativamente todas

---

[1] A limitação implícita no uso da palavra "quase" não deve ser entendida como se houvesse medidas restritivas que não prejudicassem ninguém; significa apenas que algumas dessas medidas podem não beneficiar ninguém, embora causem prejuízos a todos.

as outras ou, pelo menos, a grande maioria. A intervenção, portanto, pode ser considerada como um privilégio concedido a alguns em detrimento dos demais.

Privilégios beneficiam os agraciados e prejudicam os outros membros do sistema. O propósito de um privilégio é beneficiar um limitado número de pessoas à custa das que são prejudicadas. Se, por hipótese, todas fossem igualmente beneficiadas, o sistema de privilégios seria um contrassenso. Na medida em que a proteção tarifária beneficia apenas alguns produtores ou diversos produtores com intensidade diferente, haverá sempre um grupo de privilegiados. Se, entretanto, todos os produtores forem igualmente protegidos, esse tipo de política se torna autodestrutiva. Todos perdem, ninguém ganha.

4 - A Medida Restritiva como Despesa

Algumas medidas restritivas podem ser consideradas justificáveis se forem encaradas como decorrentes de uma política de gastos públicos, e não medidas que visem afetar a produção e a oferta. Se por amor à natureza ou por razões científicas quisermos preservar uma área no seu estado natural, como um parque nacional, e dessa forma não utilizá-la para fins de produção, provavelmente teremos o apoio da população em geral, desde que essa iniciativa fique contida nos limites do orçamento público. Podemos, em seguida, considerar que não seria adequado fazer com que o ônus dessa medida recaísse sobre o proprietário da área, e que seria mais apropriado distribuí-lo por todos os cidadãos, comprando a área em vez de desapropriá-la. Mas essa não é a questão mais importante. Decisivo é o fato de que consideramos essa proposição do ponto de vista da despesa, isto é, pelo que ela afeta a despesa, e não do ponto de vista da produção, ou seja, pela forma como ela afeta a produção.

Esta é a única forma apropriada de entender uma medida restritiva. Medidas restritivas cujo único efeito possível seja uma diminuição da oferta não devem ser consideradas uma política de produção. Elas afetam o consumo e não a produção. Medidas restritivas não podem jamais gerar eficiência econômica ou aumentar o nível de oferta. Pode haver discordância quanto à conveniência de adotar uma tarifa para proteger a aristocracia rural prussiana da competição contra os fazendeiros canadenses, que produzem num solo muito mais fértil. Mas, se formos favoráveis a uma tarifa para proteger os produtores de grãos da Prússia, não estaremos recomendando uma medida em favor do incremento da produção de grãos, mas uma medida destinada a ajudar os proprietários rurais alemães à custa dos consumidores de grãos. Nunca será possível basear um sistema econômico em tal concessão de privilégios, que só podem ser sustentados com o dispêndio de recursos que foram obtidos para outros fins. Quando Luís XIV (1638-1715), com dinheiro público, concedia uma sinecura a uma de suas favoritas, estava apenas fazendo uma despesa; não estava fazendo política econômica. O fato de medidas restritivas não merecerem uma qualificação diferente da que é atribuída aos privilégios concedidos pelo monarca pode ser uma decorrência da forma como são implementadas. Mas isso não muda sua natureza essencial. Quer uma despesa seja justificável ou não, isso não afeta o seu efeito do ponto de vista econômico; nem mesmo os reis do *regime antigo* concediam sempre os seus favores a quem não os merecia.

Sem dúvida podem existir situações em que a adoção de medidas restritivas se justifique na opinião da maioria de todos os cidadãos. Mas todas as medidas restritivas são fundamentalmente despesas. Substituem a oferta existente de produção pela oferta de outros bens. Consequentemente, seria absurdo considerar uma economia de mercado obstruída por tais medidas como um sistema de cooperação social distinto da economia de mercado não obstruída. A medida restritiva deve ser considerada uma política de gastos, e não um meio de aumentar a oferta de bens de produção.

Se compreendermos a verdadeira natureza das medidas restritivas e nos recusarmos a ser enganados por argumentos primários que tentam justificá-las como capazes de "promover o bem-estar" ou de "promover a produção", perceberemos que os objetivos que se pretende alcançar com essas medidas frequentemente podem ser mais facilmente atingidos pela concessão de subsídios com recursos públicos. Se não impedirmos os produtores de conseguirem o maior retorno possível pela utilização dos bens de produção disponíveis, não estaremos reduzindo a produtividade da economia e teremos mais condições de extrair do aumento da riqueza assim gerado os meios necessários para subsidiar aqueles que desejamos privilegiar.

Capítulo

2

1 - A Alternativa: Lei Econômica ou Lei Ordinária

As medidas de controle de preços têm por objetivo estabelecer preços, salários e juros em valores diferentes daqueles que prevaleceriam se não tivesse havido a interferência. A autoridade ou o grupo a quem a autoridade atribuiu, expressa ou tacitamente, o poder de controlar preços irá fixá-los como máximos ou mínimos. O poder de polícia é usado para fazer cumprir essas determinações.

O objetivo subjacente a esse tipo de interferência na estrutura de preços de mercado é ou privilegiar o vendedor (no caso de preços mínimos) ou privilegiar o comprador (no caso de preços máximos). O preço mínimo torna possível ao vendedor obter preços melhores para os seus produtos; o preço máximo permite ao comprador adquirir

Interferência Via Controle de Preços

os bens que deseja por um preço menor. O grupo que a autoridade irá favorecer depende de condições políticas. Às vezes os preços são estabelecidos como máximos, às vezes como mínimos; às vezes salários máximos, às vezes salários mínimos. Apenas no caso dos juros sempre foram estabelecidos valores máximos, nunca mínimos. A conveniência política sempre assim o determinou.

A permanente controvérsia sobre a eficácia da regulamentação de preços, salários e juros não impediu que a ciência econômica evoluísse. Durante centenas, e até mesmo milhares de anos, as autoridades tentaram influir na formação dos preços utilizando para isso seu poder de coerção. Impunham as mais pesadas penalidades àqueles que se recusassem a obedecer a suas ordens. Inúmeras vidas foram perdidas nesse conflito. Em nenhuma outra circunstância a polícia revelou-se tão zelosa no emprego da força, e em nenhum outro caso a índole vingativa das autoridades recebeu das massas um apoio tão entusiástico. E, ainda assim, nenhuma dessas tentativas conseguiu atingir seu objetivo. A explicação para esse fracasso, que tem sido publicada na literatura filosófica, teológica, política e histórica, reflete apenas a opinião das autoridades e das massas: sustenta que os seres humanos são egoístas e malvados por natureza e que a autoridade tem sido muito tolerante e relutante no emprego de sua força; o que estaria faltando seriam dirigentes mais enérgicos e mais inflexíveis.

A verdade começou a ser mais bem percebida ao serem examinados os efeitos de tais medidas num campo restrito de sua aplicação. Entre as diversas medidas de controle de preços que sempre tiveram particular importância figuram as tentativas da autoridade de fazer com que moedas adulteradas tivessem o mesmo valor das moedas de conteúdo metálico não adulterado e de fixar o valor de troca entre ouro e prata e, mais recentemente, entre moeda lastreada e papel-moeda. As razões do fracasso de todas essas tentativas há muito são conhecidas, e foram sistematizadas no que veio a ser denominado Lei de Gresham, em homenagem a seu formulador, *Sir* Thomas Gresham (1519-1579). Desde esses primórdios até as grandes contribuições dos filósofos escoceses e ingleses do século XVIII ainda haveria um longo caminho a percorrer para que se percebesse que o funcionamento da economia obedece a certas leis a que estão sujeitos todos os fenômenos de mercado.

A descoberta dessas inexoráveis leis do mercado foi uma das maiores conquistas da mente humana. Lançou as bases para o desenvolvimento da sociologia liberal, deu origem ao liberalismo e, por consequência, à cultura e à economia modernas. Pavimentou o caminho para os grandes avanços tecnológicos de nosso tempo. Foi também, o ponto de partida para a sistematização da ciência da ação humana, ou seja, da economia.

A mente pré-científica distinguia entre o bom e o mau, o justo e o injusto na ação humana. Achava que o comportamento humano podia ser avaliado e julgado com base em padrões estabelecidos por uma lei moral heterônima. Pensava que a ação humana era livre no sentido de não estar sujeita às leis inerentes ao comportamento humano. O homem devia, dizia-se, agir moralmente; se assim não o fizesse Deus o puniria na vida futura, se não o fizesse durante sua própria vida na Terra; não se imaginava que as ações humanas pudessem ter outras consequências. Portanto, a ação das autoridades não conhecia outro limite a não ser o que lhe fosse imposto por um poder mais forte. A autoridade do soberano não conhecia restrições dentro das fronteiras do território sob sua soberania; podia fazer o que bem desejasse. Existiam leis físicas que ele não podia mudar; mas, no campo social não havia limitação para o que quisesse fazer.

A ciência econômica começa por perceber que existem limites para o poder supremo do soberano. O economista procura ver além do Estado e seu aparato de poder, e descobre que a sociedade humana é fruto da cooperação humana. Descobre que o fenômeno do mercado, que é o resultado dessas leis, determina os preços, e que o sistema de preços de mercado fornece a base lógica para a cooperação humana. Os preços deixam de ser considerados decorrentes de uma atitude arbitrária dos indivíduos, dependente do seu senso de justiça, e passam a ser percebidos como o resultado necessário e inequívoco da interação das forças do mercado. Cada constelação de dados dá origem a determinada estrutura de preços como seu corolário. Não é possível mudar esses preços – os preços "naturais" – sem previamente mudar os dados. Cada desvio do preço "natural" libera forças que tendem a trazer o preço de volta a sua posição "natural".

Esse conceito contraria frontalmente a crença de que uma autoridade, por um mero ato de vontade, através de ordens, interdições e punições, possa alterar os preços. Se os preços são determinados pela existência de um conjunto de dados, se são o elemento essencial no processo de cooperação social que subordina as atividades de todos os indivíduos à satisfação dos desejos de todos os membros da comunidade, então, uma mudança arbitrária nos preços – isto é, uma mudança sem que tenha havido uma correspondente alteração dos dados – irá, necessariamente, perturbar a cooperação social. Sem dúvida um governo determinado e forte pode decretar preços e punir pesadamente quem o desobedecer. Mas não conseguirá dessa maneira atingir os objetivos que pretendia. Sua intervenção é apenas mais um dado afetando o mercado, e seus efeitos ocorrerão como o determinam as inexoráveis leis do mercado. Muito provavelmente o governo não ficará satisfeito com esses efeitos e muito provavelmente os irá considerar, quando surgirem, como algo menos desejável do que a situação que pretendia melhorar. Seja como for, esse tipo de medida não atinge o resultado pretendido pela autoridade. Intervenções na estrutura de preços são, portanto, do ponto de vista da autoridade que as determina, não só inúteis e ineficazes como também prejudiciais, absurdas e, consequentemente, ilógicas.

Quem quiser refutar essas conclusões terá que negar a possibilidade de análise lógica no campo da economia. Se assim fosse possível, não haveria o que denominamos "economia", e tudo o que já foi publicado sobre assuntos econômicos seria destituído de sentido. Se os preços pudessem ser fixados pela autoridade sem produzir uma reação no mercado contrária às intenções da autoridade, então seria inútil tentar explicar os preços como decorrentes da interação das forças de mercado. O simples reconhecimento de que os preços decorrem do funcionamento do mercado implica admitir que cada *constelação de dados* corresponde a uma estrutura de preços, e que no mercado operam forças que tendem a restaurar essa – "natural" – estrutura de preços, depois de cada tentativa de perturbá-la artificialmente.

A argumentação dos representantes da Escola Historicista Alemã de Economia e, mais recentemente, da Escola Institucionalista Norte-Americana em defesa de uma política de controle de preços pode ser considerada bastante lógica, se levarmos em conta que eles não reconhecem a validade da teoria econômica. Para eles a economia é meramente um conjunto de ordens e medidas emitidas pela autoridade, ilógico, todavia, é o argumento daqueles que, por um lado, recorrem à análise teórica para estudar os problemas do funcionamento do mercado, mas, por outro lado, se recusam a reconhecer que os efeitos das medidas de controle de preços são, necessariamente, o oposto do que se pretendia.

As únicas alternativas são: lei econômica ou lei ordinária. Ou os preços são arbitrariamente determinados pelas autoridades e dessa forma podem ter qualquer valor, ou são determinados pela interação das forças de mercado, habitualmente denominadas oferta e procura, e a intervenção da autoridade afeta o mercado apenas como um fator dentre muitos. Não há possibilidade de acomodação entre esses dois pontos de vista.

2 - A Reação do Mercado

Medidas de controle de preços paralisam o funcionamento do mercado. Destroem o mercado. Tiram da economia de mercado a sua força motora e o tornam inoperante.

A estrutura de preços do mercado se caracteriza por sua tendência a equilibrar a oferta e a procura. Se a autoridade tenta estabelecer um preço diferente do de mercado, essa situação não consegue prevalecer. No caso de preços máximos, inúmeros compradores em potencial não conseguirão comprar, embora estejam dispostos a pagar o preço estabelecido pela autoridade ou até mesmo um preço maior. Ou, no caso de preços mínimos, inúmeros potenciais vendedores não conseguirão encontrar compradores, embora estejam dispostos a vender pelos preços estabelecidos pela autoridade ou por um preço ainda menor. O preço deixa de ser a forma de distinguir os potenciais compradores e vendedores que podem comprar ou vender dos que não o podem. Uma nova forma de seleção tem que ser estabelecida. Pode ser que apenas aqueles que chegarem primeiro ou que tenham algum prestígio (devido a relações pessoais, por exemplo) consigam comprar ou vender. Pode também ser que a própria autoridade passe a determinar como se fará a distribuição. De qualquer forma, a distribuição da oferta existente entre os consumidores deixa de ser feita pelo mercado. Se a autoridade não quer que prevaleça uma situação caótica e se não deseja que a sorte ou a força sejam os fatores determinantes da distribuição, terá que recorrer a alguma forma de racionamento.

Mas a função do mercado não consiste apenas em distribuir determinado estoque de bens de consumo. Sua função principal consiste em direcionar a produção; direcionar os meios de produção para aqueles usos que irão atender às necessidades mais urgentes. Se forem estabelecidos preços máximos abaixo do valor de mercado para apenas alguns bens de consumo, sem que ao mesmo tempo sejam reajustados os preços de todos os meios de produção complementares utilizados na sua fabricação, a consequência natural será fazer com que aqueles meios de produção que possam ter outras aplicações sejam utilizados, em maior medida, na produção de outros bens de consumo cujos preços não estão sendo controlados pela autoridade. Assim sendo, a produção será desviada, deixando-se de produzir bens que são mais urgentemente desejados pelo consumidor, mas que são afetados pela fixação de um preço máximo, passando-se a produzir outros bens que, do ponto de vista do consumidor, são menos importantes, mas que não foram atingidos pela regulamentação. Se a intenção da autoridade, ao estabelecer preços máximos, era fazer com que uma parcela maior da população tivesse acesso a esses bens, evidentemente seu objetivo não será atingido, porque a produção desses bens será restringida ou completamente paralisada. Tampouco adiantaria controlar o preço dos bens complementares, a não ser que todos os bens complementares fossem de tal maneira específicos que só pudessem ser utilizados na fabricação de um único bem. Como a mão de obra não tem esse caráter específico, essa hipótese não precisa ser considerada. Se a autoridade não quiser aceitar o fato de que o resultado das medidas adotadas com o propósito de tornar um bem mais barato é fazer com que a oferta desse bem deixe de existir e, para atingir o seu objetivo, resolver aprofundar ainda mais a sua interferência, então, não bastará controlar os preços de todos os bens e serviços necessários à produção desse bem. Terá de ir além e obrigar que capital, mão de obra e capacidade empresarial sejam empregados para produzi-lo. Terá que fixar os preços de todos os bens e serviços, inclusive juros. E terá que emitir ordens específicas determinando como e quais bens e serviços deveriam ser produzidos, por que preços e para quem deveriam ser vendidos.

Uma medida isolada de controle de preço não consegue afetar o funcionamento da economia de mercado da maneira que os seus criadores pretendiam; ela é, do próprio ângulo de avaliação de seus mentores, não apenas inútil, mas contraproducente, porque agrava o "mal" que se pretendia aliviar. Antes de ter seu preço controlado, o bem era, na opinião da autoridade, muito caro; agora ele não é mais produzido. Mas esse não era o efeito pretendido pela autoridade, que queria apenas fazer com que o bem custasse menos para o consumidor. Em vez disso, a própria autoridade terá que considerar que a falta desse bem, sua indisponibilidade, é um mal ainda maior; seu objetivo era aumentar, e não diminuir a oferta. Podemos dizer, portanto, que a medida isolada de preço frustra a realização do objetivo pretendido com a sua implementação, e que uma política econômica baseada em medidas desse tipo é contraproducente e inútil.

Se a autoridade não pretende evitar o mal causado por tal intervenção isolada, cancelando-a, terá que fazer com que outras medidas restritivas sejam adotadas. Novas ordens terão que ser acrescentadas àquela inicial que estabelecia um preço máximo: ordens obrigando a vender todo o estoque, instruções para quem vender e em quais quantidades, controle de preços dos bens complementares[1], nível salarial e trabalho compulsório, controle de juros e finalmente ordens determinando os investimentos a serem feitos pelos detentores dos meios de produção. Essas ordens não podem ficar restritas apenas a um ou a alguns setores de produção, precisam ser estendidas à totalidade do processo produtivo. Terão necessariamente que abranger os preços de todas as mercadorias, todos os salários e as ações de todos os empresários, capitalistas, proprietários de terras e trabalhadores. Isso significa colocar nas mãos da autoridade o poder de determinar o que deve ser produzido e para quem deve ser

---

[1] Não há necessidade de que sejam fixados os preços dos bens materiais de produção que não podem ser usados no consumo direto; se forem fixados os preços de todos os bens de consumo, se os juros e os salários também forem fixados e se todos os trabalhadores forem forçados a trabalhar e todos os proprietários de meios de produção forem obrigados a produzir, indiretamente os preços dos meios materiais de produção também estarão sendo fixados.

distribuído. A economia de mercado terá se transformado numa economia socialista, mesmo que não tenha sido essa a intenção dos iniciadores do processo.

Existem apenas duas situações em que medidas de controle de preços podem ser usadas eficazmente, desde que fiquem restritas a um campo de aplicação limitado:

a) Medidas de controle de preços provocam uma redução de produção porque impossibilitam o produtor marginal de produzir com lucro. Os fatores produtivos não específicos podem ser utilizados em outros setores de produção. Mas os fatores produtivos altamente especializados e, portanto, bastante específicos – que preços de mercado eram usados na medida em que lhes permitiam as oportunidades de uso alternativo dos fatores complementares não específicos –, serão agora menos usados; uma parte desses fatores não será utilizada. Mas, se a quantidade de fatores altamente especializados for tão limitada de forma que, na vigência de preços de mercado, eles sejam inteiramente utilizados, poderá então haver certo espaço para medidas autoritárias visando reduzir preços. A fixação do preço não acarreta uma redução da produção, uma vez que ele não absorve inteiramente a renda dos produtores marginais. Uma intervenção que não ultrapasse esse limite não reduz a oferta; mas, na medida em que acarrete um aumento da demanda, provocará desajustes entre oferta e demanda, os quais conduzirão a uma situação caótica, a menos que a própria autoridade estipule como se fará a alocação dos produtos entre os respectivos compradores.

Por exemplo: a autoridade considera necessário estabelecer valores máximos para o aluguel de apartamentos e de lojas comerciais localizadas em áreas urbanas. Se a autoridade não chegar ao extremo de fazer com que os proprietários prefiram utilizar suas propriedades para fins agrícolas, a introdução dessa medida não provocará uma diminuição da oferta de apartamentos e lojas[2], mas, ao preço fixado pela autoridade a demanda será maior do que o número de unidades disponíveis. Não importa como a autoridade irá distribuir esse número limitado de unidades entre aqueles que estão dispostos a pagar o aluguel congelado. Seja qual for a distribuição, o resultado representa uma redução da renda do proprietário em favor dos inquilinos. A autoridade resolveu tomar riqueza de alguns indivíduos para dá-la a outros.

b) A segunda situação em que medidas de controle de preço podem ser usadas com algum grau de eficácia ocorre nos casos em que estejam sendo exercidos preços monopolistas. A medida de controle de preço no caso de preços monopolistas pode ser bem-sucedida desde que não pretenda reduzir o preço a um valor menor do que ele teria num mercado não obstruído e sem monopólio. No caso de preços monopolistas estabelecidos por um cartel internacional de produtores de mercúrio, uma autoridade mundial (ou internacional) pode implementar um controle de preços que force a redução do preço do mercúrio até o valor que teria se houvesse competição entre os diversos produtores. Claro que o mesmo se aplica

[2] Por razões de simplificação não estamos considerando os custos de construção.

no caso de monopólios institucionais. Se uma intervenção das autoridades deu origem a que pudessem ser cobrados preços monopolistas, uma nova intervenção será necessária para reduzi-los a valores de mercado. Se, no caso de concessão de uma patente, o detentor desse direito pretender cobrar preços monopolistas, a autoridade pode revogar o privilégio concedido e estabelecer para o artigo patenteado o preço que ele teria num ambiente de competição. Por isso, o controle de preços era eficaz no tempo das guildas que visavam exercer preços monopolistas. Da mesma forma, pode também ser eficaz contra cartéis que se tornaram possíveis em virtude do estabelecimento de tarifas protecionistas.

As autoridades gostam de avaliar com otimismo os efeitos de suas ações. Se o congelamento de preços fez com que mercadorias de melhor qualidade fossem substituídas por bens de qualidade inferior, a autoridade estará sempre disposta a desconsiderar a diferença de qualidade para persistir na ilusão de que a intervenção produziu o efeito desejado. Às vezes um sucesso pequeno e temporário pode ser atingido à custa de um preço caro a ser pago no futuro: os produtores de bens atingidos pelo congelamento de preços podem preferir suportar perdas por certo tempo, para não correr novos riscos; podem ter medo, por exemplo, de que suas fábricas sejam saqueadas pelas massas incitadas, sem que o governo lhes dê a proteção adequada. Nesses casos, a medida de controle fiscal conduz a um consumo de capital e, dessa forma, indireta e eventualmente, a uma diminuição de futura oferta de produtos.

Exceto no caso das duas mencionadas exceções, medidas de controle de preços não são o meio adequado de as autoridades conduzirem a economia de mercado na direção que imaginam desejável. As forças que atuam no mercado se revelarão mais fortes do que o poder da autoridade. A autoridade tem que enfrentar a alternativa: ou aceita o mercado e suas leis como são, ou tenta substituir a economia de mercado por um sistema sem mercado, ou seja, pelo socialismo.

3 - Salário Mínimo e Desemprego

Entre as diversas medidas de uma política de fixação de preços, as de maior importância prática são aquelas que permitem que a pressão sindical seja o fator dominante na determinação dos valores que devem prevalecer ao longo da escala salarial. Em alguns países o valor do salário mínimo é estabelecido diretamente pelo governo. Em outros o governo interfere nos salários apenas de forma indireta, ao permitir que os sindicatos possam exercer uma pressão vigorosa sobre as empresas e sobre aqueles que estão dispostos a trabalhar por salários diferentes dos determinados pelo movimento sindical. O salário fixado de forma autoritária tende a causar o desemprego permanente de uma parte considerável da força de trabalho. Quando isso acontece o governo mais uma vez intervém, concedendo algum tipo de auxílio desemprego.

Convém esclarecer que quando falamos de salários estamos nos referindo a salários reais, e não a salários nominais expressos em moeda. É óbvio que uma mudança no poder aquisitivo da unidade monetária terá que ser acompanhada, mais cedo ou mais tarde, por uma mudança na expressão nominal do salário.

Os economistas sempre tiveram consciência de que os salários também são um fenômeno de mercado, e que se forem fixados por um valor diferente daquele que resultaria do funcionamento do mercado, as forças que neste atuam tendem a fazer com que o salário volte a ter um valor compatível com as condições do mercado. Se os salários caírem para um valor menor do que o prescrito pelo mercado, a competição entre os empresários que desejam contratar mão de obra fará com que eles subam novamente. Se o valor dos salários for fixado em um valor acima do nível de mercado, parte da demanda por mão de obra deixará de existir, e a pressão dos que ficaram desempregados fará com que os salários diminuam. Até mesmo Karl Marx (1818-1883) e os marxistas sempre souberam que é impossível, através de pressão sindical, aumentar os salários de todos os trabalhadores de forma duradoura, acima do nível estabelecido pelas condições de mercado. Os defensores do sindicalismo nunca refutaram esse argumento. Preferem apenas dizer que a economia é uma "ciência sinistra".

Tentar negar que aumentar os salários acima do ponto estabelecido pelas condições do mercado necessariamente provoca uma redução no número de trabalhadores empregados, equivale a afirmar que o tamanho da oferta de mão de obra não tem efeito sobre o valor dos salários. Umas poucas observações serão suficientes para mostrar o caráter falacioso dessa afirmativa. Por que os tenores de ópera são tão bem pagos? Porque a oferta é muito pequena. Se a oferta de tenores fosse tão grande quanto a oferta de motoristas, sua remuneração, supondo uma demanda correspondente, imediatamente cairia para o nível de um salário de motorista. O que faz um empresário quando necessita contratar trabalhadores especializados que só existem em quantidade limitada? Oferece um salário maior, para persuadir esses trabalhadores a mudarem de emprego.

Enquanto a sindicalização esteve limitada a uma parte da força de trabalho, constituída principalmente por trabalhadores especializados, o aumento salarial obtido através da pressão sindical não chegava a causar desemprego, mas fazia com que os salários da mão de obra não especializada diminuíssem. Os trabalhadores especializados que perdiam o emprego em consequência da política salarial dos sindicatos passavam a disputar uma vaga de trabalhador não especializado, aumentando dessa forma a correspondente oferta. A contrapartida de maiores salários para os trabalhadores organizados é menores salários para a mão de obra sem poder de pressão. Mas logo que toda a massa trabalhadora consegue se organizar, a situação muda. Quando isso ocorre, o trabalhador que perdeu seu emprego na indústria onde trabalhava não mais consegue se empregar em outra função; permanece desempregado.

Os sindicatos atestam a validade dessas observações quando tentam evitar o afluxo de trabalhadores na sua categoria ou mesmo no seu país. Quando os sindicatos se recusam a admitir novos membros ou tornam a sua filiação mais difícil pela cobrança de taxas de admissão elevadas, ou quando combatem a imigração, estão dando a prova de que eles mesmos estão convencidos de que poderia haver emprego para uma quantidade maior de trabalhadores, se os salários fossem diminuídos.

Da mesma forma, ao recomendar a expansão do crédito como uma maneira de reduzir o desemprego, os sindicatos estão admitindo a consistência da teoria salarial defendida por economistas que eles costumam repudiar, qualificando-os como "ortodoxos". Uma expansão creditícia reduz o valor da unidade monetária, fazendo com que os preços aumentem de valor. Se os salários permanecerem estáveis ou pelo menos subirem menos que os preços das diversas mercadorias, isso representa uma redução no salário real. A redução do salário real torna possível empregar mais trabalhadores.

Finalmente, devemos considerar como uma homenagem à teoria salarial "ortodoxa" o fato de que os sindicatos se autolimitam ao reivindicar melhores salários. Os mesmos métodos pelos quais conseguem fazer com que o empresário seja forçado a pagar salários 10% acima dos valores que prevaleceriam num mercado não obstruído também poderiam ser usados para conseguir salários ainda maiores. Por que não reivindicar um aumento de 50%, ou 100%? Os sindicatos sabem que se assim procederem um número ainda maior de seus membros perderá seu emprego.

O economista considera que o valor do salário é um fenômeno de mercado; entende que, num dado momento, os salários são determinados pela oferta existente de meios de produção e de mão de obra e pela demanda por bens de consumo. Se, por um ato de intervenção, os salários forem fixados por um valor maior do que o valor de mercado, uma parte da oferta de mão de obra não conseguirá emprego; o desemprego aumenta. A situação é precisamente a mesma que no caso de qualquer mercadoria: se o proprietário de uma mercadoria pedir um preço acima do valor de mercado não conseguirá vender todo o seu estoque.

Se, entretanto, como sustentam os que são favoráveis a que os salários sejam estabelecidos pelos sindicatos ou pelo governo, os salários não são determinados pelo mercado, é o caso de perguntar: por que não aumentar os salários ainda mais? Obviamente, é desejável que os trabalhadores tenham a maior renda possível. O que impede os sindicatos de assim o reivindicarem, senão o medo de um desemprego ainda maior?

A esses argumentos os sindicatos respondem: não estamos lutando por salários elevados, e sim por salários "justos". Mas o que significa "justo" nesse caso? Se aumentar os salários por meio de uma intervenção não provoca efeitos prejudiciais aos interesses dos trabalhadores, injusto seria não aumentá-los ainda mais. O que impede os sindicatos e os agentes do governo, a quem é confiado o papel de árbitro nas disputas salariais, de determinarem salários ainda maiores?

Em alguns países chegou a ser exigido que os salários fossem fixados de tal maneira que toda a renda dos empresários e capitalistas que excedesse o correspondente a uma remuneração pela atividade gerencial fosse distribuída entre os trabalhadores. Para que esse objetivo fosse atingido, os empresários foram proibidos de demitir trabalhadores sem uma autorização do governo. Com isso conseguiu-se, no curto prazo, que o desemprego não aumentasse. Mas, a longo prazo, os efeitos foram prejudiciais aos interesses dos trabalhadores. Se empresários e capitalistas não recebessem os lucros e os juros que lhes correspondiam, eles não iriam morrer de fome ou viver da caridade alheia – subsistiriam consumindo seu próprio capital. O consumo de capital, entretanto, muda a relação capital/trabalho, diminui a produtividade da mão de obra e, no final das contas, acaba reduzindo os salários. No próprio interesse dos assalariados, deve-se evitar que o capital seja consumido.

É preciso enfatizar que essas considerações se referem apenas a um tipo de ação sindical, qual seja, a política de aumentar os salários acima dos valores que prevaleceriam no mercado não obstruído. Outras atividades que sejam ou venham a ser empreendidas pelos sindicatos fogem ao escopo desta análise.

4 - As Consequências Políticas do Desemprego

O desemprego como um fenômeno permanente e de considerável magnitude tornou-se o principal problema político de todos os países democráticos. Que milhões fiquem permanentemente excluídos do processo produtivo é algo que não pode ser tolerado, mesmo que seja por um curto período de tempo. O indivíduo desempregado quer trabalhar. Quer ganhar um salário, porque considera que as oportunidades que um emprego lhe proporciona são maiores do que o duvidoso valor do ócio na pobreza. Fica desesperado porque não consegue encontrar trabalho. É entre os desempregados que os aventureiros e os aspirantes a ditador costumam recrutar as suas tropas de choque.

A opinião pública considera que essa situação de desemprego é uma prova do fracasso da economia de mercado. O público acredita que já ficou demonstrada a incapacidade de o capitalismo resolver os problemas de cooperação social. O desemprego é apresentado como o inevitável resultado das antinomias, das contradições da economia capitalista. O que a opinião pública não percebe é que a causa real do permanente desemprego em larga escala deve ser atribuída à política salarial defendida pelos sindicatos e ao apoio que o governo tem concedido a esse tipo de política. A voz do economista não chega a ser ouvida pelo público.

É crença geral, entre as pessoas leigas, que o progresso tecnológico tira de muitas pessoas a possibilidade de seu próprio sustento. Por essa razão as guildas perseguiam os inventores; por essa razão os artesãos destruíam as máquinas. Hoje em dia os que se opõem ao progresso tecnológico recebem o apoio de pessoas que são habitualmente consideradas cientistas. Em livros e artigos afirmam que o desemprego tecnológico é inevitável – pelo menos no sistema capitalista. Como meio de combater o desemprego recomendam que a jornada de trabalho seja reduzida; como os salários devem ser mantidos sem alteração (ou diminuídos menos que proporcionalmente, ou até mesmo aumentados), isso significa que na realidade os salários estão sendo aumentados e, por conseguinte, também o desemprego. Recomendam que sejam implementados programas de obras públicas para gerar emprego. Mas se os recursos necessários são oriundos da arrecadação de impostos ou da emissão de títulos, a situação permanece a mesma. Os recursos usados nesses projetos são retirados de outros projetos, e o aumento da oportunidade de emprego num setor da economia é neutralizado pela redução noutro setor do sistema econômico.

Finalmente, acabam recorrendo à expansão do crédito e à inflação. Mas, com preços aumentando e salários reais diminuindo, as reivindicações sindicais por maiores salários ficam cada vez mais intensas. Não obstante, devemos mencionar que a desvalorização da moeda e medidas inflacionárias semelhantes conseguiram, em alguns casos, temporariamente, suavizar os efeitos da política salarial dos sindicatos e reduzir por algum tempo o crescimento do desemprego.

Comparada com a forma ineficaz com que é tratado o problema de desemprego nos países habitualmente chamados de democráticos, os ditadores conseguem ser muito mais bem-sucedidos. O desemprego desaparece se forem adotadas formas de trabalho compulsório, como prestação de serviço militar, criação de campos de trabalho ou qualquer outra forma compulsória de prestação de serviço. Os trabalhadores nesses empregos terão que se dar por satisfeitos com salários bem menores do que os recebidos por outros trabalhadores. Gradativamente, uma redução dessa diferença irá ocorrer, seja pelo aumento dos salários dos que trabalham nessas frentes de serviço, seja pela diminuição do salário dos demais trabalhadores. O sucesso político de alguns governos totalitários se deve, sobretudo, aos resultados obtidos na sua luta contra o desemprego.

Capítulo

3

1 - Inflação

Inflacionismo é a política que visa, através de emissão de moeda ou expansão do crédito, aumentar a expressão monetária dos preços e salários ou compensar uma ameaça de diminuição da expressão monetária dos preços e salários que esteja sendo provocada por um aumento da oferta de bens de consumo.

Para bem compreender o significado econômico de uma política inflacionária, é mister fazer referência a uma lei fundamental da teoria econômica. Essa lei estabelece: o serviço prestado pela moeda a uma comunidade econômica independe da quantidade de moeda utilizada. Não importa se a quantidade total da moeda usada num sistema econômico é grande ou pequena. O poder aquisitivo da unidade monetária,

Inflação e Expansão do Crédito

no longo prazo, será aquele que naturalmente equilibra a demanda por moeda com a quantidade de moeda. Não devemos nos deixar iludir pelo fato de que todo indivíduo gostaria de ter mais dinheiro. Todos querem ser mais ricos, ter mais bens e expressam esse desejo dizendo querer ter mais dinheiro. Mas se conseguirem realizar o seu desejo de ter mais dinheiro, certamente irão usá-lo para seu consumo ou seu investimento; esse adicional não vai ser usado apenas para aumentar a quantidade de dinheiro à disposição na sua carteira ou na sua conta bancária. Além disso, a satisfação que alguém pode obter por conseguir uma quantidade adicional de dinheiro dependerá de que esse adicional seja maior do que o adicional recebido pelas outras pessoas e de que o seja recebido antes das outras pessoas. Um habitante de Berlim, que em 1914 ficaria radiante com uma inesperada herança de mil marcos, consideraria inexpressiva a importância de 1 bilhão de marcos em 1923.

Se desconsiderarmos a função da moeda como um padrão de valor para contas a pagar, ou seja, se desconsiderarmos o fato de que existem obrigações e direitos que são expressos em quantidades de moeda a serem exigidos no futuro, fica evidente que não importa se a quantidade de moeda em determinada economia é de x milhões ou de 100x milhões de unidades monetárias. No segundo caso, os preços e os salários simplesmente serão expressos por uma quantidade maior de unidades monetárias.

O que os defensores da inflação desejam, e os partidários de uma moeda saudável se opõem, não é o resultado final da inflação, qual seja, o aumento em si da quantidade de moeda, e sim os efeitos decorrentes da forma pela qual a quantidade adicional de moeda é introduzida no sistema econômico e, consequentemente, a forma com que são alterados os preços e os salários. As consequências da inflação são de duas naturezas: (1) o valor dos pagamentos diferidos é alterado em favor dos devedores e em prejuízo dos credores, e (2) as mudanças nos preços não ocorrem simultaneamente e nem na mesma extensão para todos os bens e serviços. Assim sendo, o efeito do processo inflacionário sobre os preços e salários fará com que alguns grupos se beneficiem e outros sejam prejudicados. Ganham aqueles que estão numa posição de poder vender os seus bens e serviços por preços já majorados, enquanto ainda estão adquirindo os bens e serviços de que necessitam pelos preços antigos. Por outro lado, perdem aqueles que têm que comprar por preços já majorados enquanto ainda estão vendendo, por preços ainda não majorados, os seus produtos e serviços. Se, por exemplo, o governo aumenta a quantidade de moeda para comprar armamentos, os empresários e os trabalhadores das indústrias bélicas serão os primeiros a realizar ganhos inflacionários. Outros grupos serão prejudicados pela consequente alta de preços, até que os preços de seus produtos e serviços sejam majorados. Essa diferença temporal na mudança dos preços das várias mercadorias e serviços é que provoca ganhos e perdas diferentes num processo de diminuição do poder aquisitivo da moeda.

Uma vez que os efeitos da inflação são de natureza temporária, os que desejam esses efeitos só poderão obtê-los se a inflação for continuada e cada vez maior. Uma vez que deixe de haver expansão da quantidade de moeda, os grupos que até então se beneficiavam com a inflação perdem a sua posição privilegiada. Podem manter os ganhos já auferidos durante o período inflacionário, mas não conseguirão continuar a realizar ganhos inflacionários. O gradual aumento de preço dos bens, que até então podiam comprar mais barato, elimina a vantagem que estavam tendo. Para não perder essa vantagem, clamam por mais inflação.

Mas, por outro lado, a inflação não pode continuar indefinidamente. Tão logo o público perceba que o governo não vai interromper o processo inflacionário, que a quantidade de moeda vai continuar aumentando e que consequentemente os preços de todos os bens e serviços vão continuar a subir ininterruptamente, todos procurarão usar o seu dinheiro para comprar o máximo possível e manter em caixa o mínimo. Ter dinheiro em caixa nessas circunstâncias implica não só na perda dos juros que poderiam ser obtidos, mas também na perda considerável decorrente da diminuição do poder aquisitivo da moeda. As desvantagens vão ficando tão onerosas que ninguém mais quer manter recursos em espécie. Durante as grandes inflações da Primeira Guerra Mundial, essa evolução era denominada de "fuga para as mercadorias" e de "alta desastrosa" (*crack-up boom*). O sistema monetário é compelido a entrar em colapso; segue-se o pânico; termina com uma completa desvalorização da moeda. As pessoas passam a recorrer à troca direta ou alguma nova forma de moeda. São exemplos disso a *Continental Currency* nos Estados Unidos, em 1781, os *Assignats* franceses, em 1796, e o marco alemão, em 1923.

Muitos falsos argumentos são usados para defender o inflacionismo. O menos daninho é o que alega que uma pequena inflação não causa muito dano. É verdade. Uma pequena dose de veneno faz menos mal do que uma grande dose. Mas isso não pode ser uma justificativa para se ministrar veneno a alguém.

Tem sido alegado que no caso de uma grave emergência justifica-se o emprego de meios que em tempos normais não seriam utilizados. Mas quem decide se a emergência é suficientemente grave a ponto de justificar a adoção de medidas de exceção? Qualquer governo e qualquer partido político que esteja no poder tem tendência a considerar as suas dificuldades como excepcionais e a concluir que o emprego de quaisquer meios para combatê-las é justificável. O viciado em drogas que promete abster-se de usá-las a partir de amanhã nunca se livrará do vício. A adoção de políticas corretas não deve esperar o dia de amanhã; deve ser feita imediatamente, hoje.

Também se costuma alegar com frequência que não seria possível haver inflação enquanto existirem trabalhadores desempregados e máquinas ociosas. É um erro grave. Se, num período inflacionário, os salários expressos em moeda permanecem inalterados e, consequentemente, os salários reais diminuem, enquanto prevalecer essa situação poderá haver aumento da oferta de emprego. Mas isso não afeta os outros efeitos da inflação. As fábricas só diminuirão a sua capacidade ociosa se puderem vender os bens que produzem por preços já majorados em virtude da inflação. Se não for esse o caso, a inflação não conseguirá fazer com que aumentem a produção.

Ainda mais grave é o erro subjacente à afirmativa de que não se pode considerar inflação um aumento na quantidade de moeda que corresponda a um aumento dos meios de produção. No que concerne às mudanças de preços e salários provocadas pela inflação, é irrelevante a forma como está sendo gasta a quantidade adicional de moeda. Qualquer que seja a maneira como são empregados os recursos públicos, o interesse da sociedade e de seus cidadãos estará mais bem atendido se forem construídas ruas, casas e fábricas do que se ruas, casas e fábricas forem destruídas. Mas isso não tem nada a ver com o problema da inflação. Seus efeitos sobre os preços e sobre a produção se farão sentir mesmo se os recursos forem utilizados para financiar projetos úteis.

A inflação, a emissão de papel-moeda e a expansão do crédito são sempre atos intencionais; não são calamidades naturais que atingem as pessoas, como um terremoto. Uma necessidade, por maior e mais urgente que seja, só poderá ser suprimida com a utilização de bens disponíveis, bens cuja produção implica na não produção de outros bens. A inflação não gera riqueza; apenas estabelece quanto cada indivíduo terá que suportar. Da mesma forma que os impostos ou a dívida pública, é um meio de obter recursos, e não um meio para satisfazer a demanda.

Costuma-se dizer que, em tempos de guerra, a inflação é inevitável. Isso também é um erro. Um aumento na quantidade de moeda não gera equipamento bélico – nem direta nem indiretamente. Melhor seria dizer que um governo que não tem a coragem de informar claramente ao povo o valor do seu orçamento bélico e não tem coragem de impor as inevitáveis restrições ao consumo, acabará por preferir recorrer à inflação a recorrer ao aumento de impostos ou ao endividamento. De qualquer maneira, o aumento da produção bélica e a guerra terão de ser pagos pelo povo através da redução do consumo. Mas tem sido politicamente conveniente – ainda que fundamentalmente antidemocrático – dizer ao povo que a produção bélica e a guerra criam condições para o desenvolvimento e para a geração de riqueza. Quaisquer que sejam as razões, a inflação é uma política de visão curta.

Alguns grupos acreditam que a inflação é benéfica porque prejudica o credor e beneficia o devedor; acreditam que seja uma medida em favor dos pobres e contra os ricos. É surpreendente constatar como conceitos tradicionais permanecem válidos, mesmo quando as condições que os geraram mudaram completamente. Já houve tempo em que os ricos eram credores e os pobres, na sua maior parte, eram devedores. Mas, nos dias de hoje, dias de debêntures, títulos, bancos de investimento, seguradoras e previdência social, as coisas são diferentes. Os ricos, como já investiram o seu dinheiro em fábricas, armazéns, residências, propriedades rurais e ações, frequentemente são mais devedores do que credores. Por outro lado, os pobres – exceto os agricultores – mais frequentemente são credores do que devedores. Ao adotar uma política que prejudica o credor, acaba-se por prejudicar a poupança das massas; prejudica-se especialmente a classe média, os profissionais autônomos, as fundações mantidas por doações e as universidades. Todos os dependentes da previdência social também se tornam vítimas de uma política anticredor.

Não me parece necessário discutir a contrapartida do inflacionismo, qual seja, o deflacionismo. A deflação é impopular pela razão mesma de beneficiar os credores à custa dos devedores. Nenhum partido político e nenhum governo jamais tentou adotar conscientemente medidas deflacionárias. A impopularidade da deflação fica evidente pelo fato de os inflacionistas constantemente advertirem para os perigos da deflação como uma forma de conseguir apoio para suas propostas inflacionárias.

2 - Expansão do Crédito

Uma das características fundamentais do comportamento humano consiste no fato de que as pessoas dão mais valor a um bem de que possam dispor no presente do que a um mesmo bem que só esteja disponível no futuro. Uma maçã que esteja disponível para consumo imediato tem um valor maior do que uma maçã que só estará disponível para consumo no próximo ano. E, por sua vez, uma maçã que estará disponível daqui a um ano vale mais do que uma maçã que só estará disponível daqui a cinco anos. Numa economia de mercado essa diferença de valoração se apresenta sob a forma de um desconto a que os bens futuros estão sujeitos quando comparados com os bens presentes. Nas transações monetárias, esse desconto recebe a denominação de juro.

O juro, portanto, não pode ser abolido. Para que não existisse seria necessário que as pessoas atribuíssem a uma casa que pode ser habitada imediatamente o mesmo valor que a uma casa que só terá condições de uso daqui a 10 anos. Juros não são uma característica apenas do sistema capitalista. Também numa sociedade socialista há que se considerar o fato de que um pão que só possa ser consumido daqui a um ano não pode satisfazer a fome de hoje.

A origem dos juros não decorre de uma necessidade de equilibrar a oferta e a demanda por empréstimos existente no mercado. Ao contrário, a função do mercado de empréstimos, que no jargão comercial é denominado mercado financeiro (quando se trata de curto prazo) e mercado de capitais (quando se trata de longo prazo), consiste precipuamente em ajustar as taxas de juros estabelecidas nas transações financeiras à diferença de valor entre os bens presentes e os bens futuros. Essa diferença é a verdadeira origem do juro. Um aumento na quantidade de moeda, por maior que seja, não conseguirá, no longo prazo, influenciar a taxa de juros.

Nenhuma lei econômica é tão impopular quanto a que afirma que as taxas de juros, no longo prazo, independem da quantidade de moeda. A opinião pública é relutante em reconhecer que o juro é um fenômeno de mercado. Prefere considerá-lo como um mal, um obstáculo ao aumento de bem-estar e, portanto, como algo a ser eliminado ou pelo menos substancialmente reduzido. E assim, a expansão do crédito passa a ser considerada como um meio adequado para proporcionar "crédito barato".

É evidente que, em curto prazo, a expansão do crédito provoca uma redução na taxa de juros. No princípio, o crédito adicional faz com que a taxa de juros caia para um valor menor do que o que prevaleceria num mercado não manipulado. Mas também é evidente que uma expansão do crédito, por maior que seja, não conseguirá mudar a diferença de valor entre um bem futuro e um bem presente. No final das contas, a taxa de juros terá que retornar ao valor que corresponde a essa diferença de valor entre os bens. Cabe ao ramo da economia conhecido como teoria do ciclo econômico a tarefa de explicar e descrever como se dá esse processo de ajustamento.

Para cada constelação de preços, salários e juros, existem projetos que não poderão ser levados adiante porque o cálculo de sua lucratividade torna evidente a sua inviabilidade econômica. O empresário não leva adiante o empreendimento porque, pelos seus cálculos, terá prejuízo e não lucro.

Essa inviabilidade não é uma consequência de condições monetárias ou creditícias; decorre da escassez de materiais e mão de obra que estão sendo utilizados para atender a necessidades mais urgentes e, portanto, mais demandadas.

A redução artificial da taxa de juros em virtude da expansão do crédito gera a falsa impressão de que esses empreendimentos, que até então eram considerados inviáveis, agora são lucrativos. O dinheiro fácil induz os empresários a levar adiante empreendimentos que não seriam sequer iniciados se prevalecesse a taxa de juros ainda não reduzida. Com dinheiro emprestado pelos bancos, eles vão ao mercado, aumentando a demanda e causando, assim, uma elevação dos salários e dos preços dos bens de produção. Se a expansão do crédito fosse interrompida, esse aumento da atividade econômica evidentemente entraria em colapso, porque os novos preços e salários tornariam inviáveis esses novos empreendimentos. Mas se os bancos continuam a expandir o crédito, continuando assim a viabilizar negócios inviáveis, a atividade econômica continua se expandindo.

Mas essa situação não pode continuar indefinidamente. São duas as alternativas: ou os bancos continuam a expandir o crédito, provocando assim um constante aumento de preços e uma crescente orgia especulativa, que, como em todos os casos de inflação desenfreada, termina numa "alta desastrosa" (*crack-up boom*) e no colapso do sistema monetário; ou os bancos param de expandir o crédito, antes que esse ponto seja atingido, produzindo assim uma crise econômica. Em ambos os casos a depressão é uma consequência inevitável[1].

É óbvio que um mero expediente bancário como a expansão do crédito não pode criar mais bens e maior riqueza. Na realidade, o que a expansão do crédito consegue é introduzir uma fonte de erro nas avaliações empresariais. Os empresários passam a agir como se houvesse uma maior disponibilidade de bens de produção. Como a quantidade disponível de

[1] Como explicado na seção anterior, "Inflação".

bens de produção não é suficiente para atender a tal expansão da produção, essas iniciativas fracassam. Em consequência, algumas fábricas não podem funcionar por falta de instalações complementares; outras não chegam a ser concluídas; outras ainda não conseguem vender seus produtos, porque os consumidores dão preferência a outros produtos mais urgentemente desejados, cuja demanda deixa de ser atendida porque a produção foi desviada de seu curso natural. O aumento da atividade econômica não é consequência de um excesso de investimento, e sim de investimentos malfeitos.

Frequentemente, contraditando essa conclusão, tem sido dito que ela seria verdadeira somente quando no início da expansão do crédito não houvesse nem capacidade ociosa e nem desemprego e que, portanto, havendo desemprego e capacidade ociosa as coisas seriam diferentes. Mas esse argumento é falho.

O fato de uma parte da capacidade produtiva, que não pode ser utilizada para outros fins, não estar sendo utilizada é uma consequência de erros cometidos anteriormente. Investimentos foram feitos no passado baseados em hipóteses que se mostraram erradas; o mercado agora quer algo diferente do que pode ser produzido com o investimento já feito[2]. A acumulação de estoques é especulação. O proprietário não quer vender os bens aos preços vigentes no mercado porque espera poder vendê-los depois, por um preço maior. O

[2] Mesmo não havendo expansão do crédito, pode haver fábricas que não estejam sendo plenamente utilizadas. Mas isso não afeta o mercado, da mesma forma que não o afeta o fato de existirem terras marginais não utilizadas.

desemprego também é uma forma de especulação. O trabalhador não quer mudar de atividade ou de localidade de trabalho e também não quer diminuir suas exigências salariais porque espera encontrar o emprego que deseja, no local que prefere e pelo salário que almeja. Tanto os proprietários de mercadorias como os desempregados se recusam a se ajustar às condições do mercado, porque esperam que ocorram mudanças que lhes sejam favoráveis. Sua recusa em fazer os necessários ajustes impede que o sistema econômico possa atingir o "ponto de equilíbrio".

Na opinião dos que defendem medidas de expansão do crédito, o crédito adicional assim gerado possibilitaria que a capacidade ociosa fosse plenamente utilizada, que a produção fosse vendida a preços considerados aceitáveis por seus donos e que os desempregados achassem um emprego com um salário que lhes fosse satisfatório.

Essa é a visão subjacente a todas as propostas que, no fundo, implicam "imprimir moeda". Elas poderiam funcionar no caso dos desempregados e dos estoques encalhados sob duas condições: (1) se os aumentos de preços provocados pela quantidade adicional de moeda e crédito ocorressem uniforme e simultaneamente, afetando igualmente todos os preços e salários, e (2) se os proprietários dos excedentes de produção e os desempregados não reivindicassem salários e preços ainda maiores. Se essas condições forem obedecidas, a relação de troca entre esses bens e serviços e os outros bens e serviços mudaria da mesma maneira que teria que mudar caso não houvesse a expansão do crédito, qual seja, reduzindo os preços e salários que pretendiam obter a fim de conseguir encontrar quem lhes comprasse as mercadorias e lhes oferecesse emprego.

As coisas não se passariam de maneira diferente se no início desse aumento artificial da atividade econômica houvesse capacidade produtiva não utilizada, estoques de mercadoria sem comprador e trabalhadores desempregados. Digamos, por exemplo, que estamos lidando com minas de cobre, estoques de cobre e trabalhadores em minas de cobre. O preço do cobre está num nível que impossibilita algumas minas a continuar operando lucrativamente; seus trabalhadores ficarão desempregados, se não quiserem tentar outra atividade; e os estoques de cobre só poderão ser vendidos se seus donos aceitarem um preço menor. Para que as minas voltassem a funcionar, os mineiros conseguissem manter os seus empregos e os estoques pudessem ser vendidos sem diminuir o preço, seria necessário que houvesse um aumento (p) nos bens de produção em geral que permitisse a expansão da produção como um todo de tal forma que, como consequência, houvesse um aumento no preço, nas vendas e na produção de cobre. Se esse aumento (p) não ocorreu, mas os empresários são levados a crer, por meio da expansão do crédito, que ele tenha ocorrido, os efeitos sobre o mercado de cobre serão, num primeiro momento, como se (p) tivesse ocorrido. Mas tudo o que já foi dito até aqui sobre os efeitos da expansão do crédito se aplica também nesse caso. A única diferença consiste no fato de que os investimentos equivocados, nesse nosso caso da indústria de cobre, não necessitam que capital e mão de obra sejam transferidos de outros setores da produção que são considerados mais importantes pelos consumidores. Mas isso se deve ao fato de que, nesse caso, a expansão de crédito fará seus efeitos sobre o capital e a mão de obra, previamente mal alocados, e que ainda não foram ajustados pelo processo de correção natural decorrente do mecanismo de preços.

Fica assim evidente o verdadeiro significado dos argumentos invocando os inconvenientes de haver capacidade ociosa, estoques de mercadorias – incorretamente qualificados como não vendáveis – e mão de obra não empregada. A expansão do crédito encontra esses remanescentes de investimentos anteriores malfeitos e aparentemente os "corrige". Na realidade, apenas perturba o funcionamento do processo de ajustamento. A existência de meios de produção não utilizados não invalida as conclusões da teoria monetária do ciclo econômico. Os que são favoráveis à expansão do crédito se equivocam ao acreditar que, em havendo meios de produção ociosos, não recorrer à expansão do crédito perpetuaria a depressão. As medidas que propõem, em vez de perpetuar a prosperidade, seriam uma permanente interferência no processo de ajustamento e de retorno às condições normais.

A única maneira plausível de explicar as mudanças cíclicas que ocorrem na economia é a teoria monetária do ciclo econômico. Mesmo os economistas que se recusam a reconhecer na teoria monetária uma explicação correta do ciclo econômico nunca tentaram negar a validade de suas conclusões sobre os efeitos da expansão do crédito. Na defesa de suas teorias sobre o ciclo econômico, que diferem da teoria monetária, são forçados a admitir que o aumento da atividade econômica não pode ocorrer sem que haja a expansão do crédito, e que o fim da expansão do crédito provoca a reversão do ciclo. Esses contestadores da teoria monetária, na realidade, limitam-se a afirmar que o aumento da atividade econômica não teria sido provocado pela expansão do crédito e sim por outros fatores, e que a expansão do crédito, sem a qual não teria havido aumento da atividade econômica, não é fruto de uma política que visa a reduzir os juros e estimular investimentos, e sim algo que decorre de condições que deram origem ao aumento da atividade econômica sem que para isso contribuíssem os bancos ou as autoridades.

Tem sido alegado que o que gera a expansão do crédito é o fato de os bancos não conseguirem aumentar as suas taxas de juros a um nível compatível com a taxa "natural"[3]. Também a esse argumento escapa a questão essencial da teoria monetária do ciclo econômico. É irrelevante se a expansão do crédito foi deflagrada porque os bancos facilitaram as condições de crédito ou porque não conseguiram aumentar os juros de acordo com as novas condições do mercado. Decisivo é apenas o fato de que houve expansão do crédito porque existem instituições que consideram necessário influir no valor da taxa de juros pela concessão de crédito adicional[4]. Quem

[3] No livro *The Stock Market, Credit and Capital Formation* (London: William Hodge and Co., Ltd. / The MacMillian Company, 1940. p. 248), Fritz Machlup (1902-1983) fala de "*inflationism passive*".

[4] Se um banco não tiver condições de expandir o crédito, não terá condições de aumentar a atividade econômica mesmo que baixe a sua taxa de juros para um valor abaixo do de mercado. Estaria apenas sendo generoso com os seus devedores. A conclusão a ser extraída da Teoria Monetária do Ciclo Econômico em relação a medidas estabilizadoras não é a de que os bancos não deveriam baixar a taxa de juros, e sim a de que não deveriam expandir o crédito. Foi isso o que Gottfried Haberler (1900-1995), em *Prosperity and Depression* (Geneva: League of Nations, 1939. p. 65) não entendeu, e, portanto, suas críticas são infundadas.

acreditar que a expansão do crédito é uma medida necessária para provocar um aumento da atividade econômica, o qual, inevitavelmente, será acompanhado por uma crise e por uma depressão, terá que admitir que o meio mais seguro de um sistema econômico ser à prova de ciclos consiste em evitar a expansão do crédito. Mas, apesar de todos concordarem com a necessidade da adoção de medidas para suavizar os altos e baixos do ciclo econômico, medidas para evitar a expansão do crédito não são levadas em consideração. Pretende-se que seja possível implementar uma política capaz de perpetuar o aumento da atividade econômica criado pela expansão do crédito e, ao mesmo tempo, evitar o colapso. As propostas elaboradas com o propósito de impedir a expansão do crédito são renegadas porque, supostamente, perpetuariam a depressão. Nada poderia ser uma evidência mais convincente da teoria que explica o ciclo econômico como uma decorrência de intervenções em favor do crédito barato do que a obstinada resistência em se abandonar as políticas favoráveis à expansão do crédito.

Só quem ignorar os fatos da história econômica contemporânea poderá negar que medidas para reduzir a taxa de juros são consideradas desejáveis e que a expansão do crédito é considerada como o meio mais eficaz para que esse objetivo seja atingido. O fato de que o funcionamento suave da economia e o desenvolvimento continuado sejam frequentemente perturbados por aumentos artificiais da atividade econômica e suas consequentes depressões não é uma característica inerente à economia de mercado. É, ao contrário, a consequência inevitável de repetidas intervenções feitas com o propósito de propiciar empréstimos a juros baratos através da expansão do crédito.

3 - Controle de Câmbio

Qualquer tentativa do governo de forçar um valor para a sua moeda maior do que o seu valor de mercado dará origem aos efeitos descritos pela lei de Gresham. Resulta invariavelmente o que se costuma denominar escassez de divisas. Essa expressão é enganadora. Quem oferece menos do que o valor de mercado por determinado bem não conseguirá comprá-lo; isso é tão verdadeiro para comprar divisas como para comprar qualquer outro bem.

Uma das características essenciais de um bem econômico consiste em não ser tão abundante a ponto de poder satisfazer todos os usos. Um bem que, nesse sentido, não fosse escasso, seria um bem livre. Como a moeda é necessariamente um bem econômico e não um bem livre, é inconcebível imaginar uma moeda que não seja escassa. Um governo que adota uma política inflacionária e, ao mesmo tempo, pretende que não haja diminuição do poder aquisitivo de sua moeda terá que acabar se queixando de escassez de divisas. Se, uma vez aumentada a quantidade de moeda local devido ao processo inflacionário, o governo se abstiver de adotar outras medidas intervencionistas, o valor da sua moeda irá diminuir em relação à moeda metálica ou à moeda estrangeira. Quem estiver disposto a pagar o preço de mercado poderia obter a quantidade de moeda metálica ou moeda estrangeira que desejasse. Quem deseja comprar um bem tem que pagar o preço representado por seu valor de troca no mercado, seja esse valor expresso em moeda metálica (ou moeda estrangeira) ou pela quantidade de moeda local resultante da taxa de câmbio da moeda estrangeira.

Mas o governo não quer aceitar essas consequências. Sendo soberano, ele se acredita onipotente. Ele pode editar uma legislação que nos submete a penas; tem à sua disposição os tribunais e a polícia, patíbulos e prisões, e pode destruir quem quiser se rebelar. Em consequência disso, ordena que os preços não aumentem. Por um lado, emite moeda, criando assim uma demanda adicional por bens e serviços. Por outro lado, ordena que os preços não aumentem, porque pensa que pode fazer o que bem entende.

Já analisamos as consequências das tentativas de fixar o preço de bens e serviços. Examinemos agora a tentativa de fixar as taxas de câmbio.

O governo coloca a culpa do aumento da taxa de câmbio no déficit do balanço de pagamentos e na especulação. Não querendo que a taxa de câmbio aumente, adota medidas para restringir a demanda por moeda estrangeira. A venda de moeda estrangeira passa a ser feita apenas nos casos autorizados pelo governo. Bens, cuja importação o governo considera supérflua, ficam proibidos de serem importados; os pagamentos de juros e a amortização da dívida com credores estrangeiros são interrompidos; viagens ao exterior são dificultadas. O governo não percebe que seus esforços para "melhorar" o balanço de pagamentos são inúteis. Quanto menos for importado, menos será exportado. O cidadão, ao reduzir seus gastos com viagens ao estrangeiro, com bens importados e com pagamentos de dívidas em moeda estrangeira, não irá guardar o dinheiro não gasto no cofre – irá gastá-lo no país, aumentando, dessa forma, os preços no mercado interno. Como os preços sobem, porque os cidadãos estão comprando mais no mercado interno, menos ainda será exportado. Os preços sobem não apenas porque os importados ficaram mais caros em termos de moeda local, sobem porque a quantidade de moeda foi aumentada e os cidadãos dispõem de mais recursos para demandar no mercado interno.

O governo acredita que poderá atingir o seu objetivo estatizando o comércio de divisas. Quem tem receitas em moeda estrangeira – os exportadores, por exemplo – é obrigado por lei a entregá-las ao governo e receber em troca apenas a quantidade de moeda local que corresponde à taxa de câmbio que foi estabelecida pelo governo, abaixo de seu valor de mercado. Se esse princípio fosse implementado até as últimas consequências, as exportações acabariam por se tornar inviáveis. Como o governo não deseja esse efeito, ele acaba cedendo. Concede subsídios à exportação, para compensar as perdas dos exportadores que são obrigados a entregar ao governo, pela taxa de câmbio estabelecida, as suas receitas em moeda estrangeira.

Por outro lado, o governo vende moeda estrangeira somente para aqueles que pretendam usá-la para fins que mereçam sua aprovação. Se o governo fosse fiel à sua própria fantasia e vendesse a moeda estrangeira de que dispõe pela taxa de câmbio que estabeleceu, estaria apenas subsidiando os importadores (não as importações). Não sendo isso que deseja, o governo estabelece compensação como, por exemplo, um aumento nas tarifas de importação ou uma taxa especial a ser aplicada sobre os lucros ou sobre as receitas dos importadores.

Controle de câmbio significa estatizar o comércio exterior e todas as transações com países estrangeiros. Não altera a taxa de câmbio. Pouco importa se o governo permite ou não que sejam publicadas as taxas de câmbio realmente vigentes no mercado. Nas transações internacionais só serão consideradas as taxas que refletem o verdadeiro poder aquisitivo da moeda local. Os efeitos de tal estatização das transações econômicas com países estrangeiros sobre o cidadão comum são tão mais importantes quanto menor for o país e maior for o seu comércio exterior. Viagens ao estrangeiro, estudar em universidades no exterior, bem como o acesso a livros e publicações estrangeiras só serão possíveis se o governo colocar a correspondente moeda estrangeira à disposição do indivíduo. O controle de câmbio, como um meio de reduzir a taxa de câmbio, resulta sempre num retumbante fracasso. Mas é um bom instrumento para se implantar uma ditadura.

4 - A Fuga de Capitais e o Problema do *Hot Money*

Alega-se que o controle de câmbio é necessário para evitar que ocorra fuga de capitais.

Se um capitalista teme que o governo confiscará, parcial ou totalmente, a sua propriedade, ele tentará salvar o que puder. Porém, não é possível retirar capital das empresas e transferi-lo para outro país sem incorrer em pesadas perdas. Havendo um medo generalizado de confisco, o preço que pode ser obtido por uma empresa em funcionamento reduz-se a um nível que reflete a probabilidade de ocorrer tal confisco. Em outubro de 1917, empresas na Rússia cujo patrimônio líquido valia milhões de rublos-ouro eram oferecidas pelo equivalente a alguns centavos; um pouco depois se tornariam completamente invendáveis.

O termo "fuga de capitais" é enganador. O capital investido em empresas, construções e fazendas não tem como fugir, pode apenas mudar de mãos. O Estado que pretende confiscá-lo não perde nada com isso. O novo proprietário torna-se a vítima do confisco, em vez do ex-proprietário.

Um empresário que tenha percebido com antecedência o perigo de um confisco poderá tentar evitar perdas maiores sem chegar a vender o seu negócio. Ele poderá não renovar partes de seu equipamento que já está deteriorado pelo uso e transferir os recursos assim poupados para outros países. Poderá deixar no exterior recursos provenientes de receitas de exportação. No primeiro caso sua fábrica, mais cedo ou mais tarde, deixará de ser produtiva ou, pelo menos, competitiva. No segundo caso terá que reduzir ou mesmo encerrar a sua produção, em virtude da falta de capital de giro, se não conseguir obter recursos por empréstimo.

A não ser nesses casos, um Estado que pretenda confiscar, parcial ou inteiramente, as empresas localizadas no seu território, não corre o risco de perder o produto de seu saque em virtude da fuga de capital.

Os proprietários de moeda, notas promissórias, depósitos bancários e outros direitos encontram-se em melhor situação do que os proprietários de empresas e de bens tangíveis. Porém, ficam à mercê de outra ameaça, a inflação, que pode fazer com que os seus bens percam total ou parcialmente o seu valor. Mas, de qualquer forma, estão em melhor condição de comprar moeda estrangeira em virtude da maior liquidez de seus bens.

Os governos não gostam de admitir isso. Eles acham que é dever de todo cidadão arcar com os ônus das medidas confiscatórias, sem reagir; mesmo quando – como é o caso da inflação – as medidas não beneficiam o Estado e sim alguns indivíduos. Um dos objetivos do controle de câmbio é impedir que os detentores de moeda local possam comprar moeda estrangeira.

Examinemos um exemplo histórico. Durante os primeiros anos que se seguiram ao armistício de 1918 era possível vender no exterior certificados bancários, debêntures e títulos alemães, austríacos e húngaros, pagáveis nas respectivas moedas desses países. Os governos impediram essas vendas, direta ou indiretamente, ao forçar os seus súditos a renunciar à moeda estrangeira assim obtida. A situação econômica da Alemanha, Áustria e Hungria melhorou ou piorou com essa intervenção? Admitamos que em 1920 os austríacos conseguiam vender títulos hipotecários de 1.000 coroas por 10 dólares cada. O credor austríaco, que vendeu o título, teria assim salvo cerca de 5% do valor nominal do seu título. O devedor austríaco não teria sido afetado em nada. Porém, em 1922, quando o devedor austríaco teve que pagar o débito de 1.000 coroas, que em 1914 equivalia a cerca de 200 dólares, as 1.000 coroas valiam apenas 1,4 centavos. A perda de aproximadamente 9,98 dólares seria suportada por um credor estrangeiro e não por um austríaco. Alguém poderia qualificar tal política que impedia transações desse tipo como justificável, do ponto de vista dos interesses austríacos?

Os detentores de moeda em espécie procuram evitar, o mais possível, os perigos de uma desvalorização que hoje existe em todos os países. Procuram manter o grosso de seus saldos bancários nos países em que é pouco provável que haja uma desvalorização no futuro próximo. Se as condições mudam e o risco de desvalorização aumenta, transferem os seus saldos para outros países que no momento lhe parecem mais seguros. Esses saldos, que estão sempre em condições de ser transferidos – o assim chamado *hot money* –, afetam significativamente os dados e o funcionamento do mercado financeiro internacional. Representam um sério problema para o sistema bancário atual.

Nos últimos cem anos todos os países adotaram o sistema de reserva única. Para que o Banco Central pudesse mais facilmente implementar uma política de expansão do crédito, os bancos privados foram persuadidos a depositar a maior parte de suas reservas no Banco Central. Dessa forma, os bancos reduziram os seus encaixes para um valor compatível com suas necessidades do dia a dia. Não precisavam mais se preocupar em compatibilizar o vencimento do seu exigível com o do seu realizável, de forma a poder a qualquer momento honrar suas obrigações integralmente. Para poder atender às suas obrigações com os seus depositantes, que vencem todos os dias, bastava-lhes ter realizáveis que o Banco Central considerasse satisfatórios para conceder-lhes o respectivo crédito.

Quando começou o fluxo de entrada de *hot money*, os bancos não viram nenhum perigo no aumento da demanda por aplicações de prazo curto. Confiando no Banco Central, aceitaram as aplicações e usaram os recursos para conceder novos empréstimos. Não tinham consciência do risco que estavam correndo. Não se preocuparam com o fato de que a extrema volatilidade desses capitais lhes causaria problemas no vencimento dessas aplicações.

Tem sido alegado que a existência de *hot money* obriga a que haja controle de câmbio. Consideremos a situação nos Estados Unidos. Se em 5 de junho de 1933 os Estados Unidos não tivessem proibido que pessoas e entidades de direito privado pudessem ser proprietárias de ouro, os bancos teriam podido manter depósito em ouro como um setor de sua atividade, separadamente de suas outras transações. Poderiam comprar ouro tanto para suas operações como para depositar como reserva no Banco Central. Portanto, esse ouro estaria esterilizado do ponto de vista da moeda americana e do sistema bancário. Foi somente devido à intervenção do governo proibindo indivíduos de serem proprietários de ouro que um problema de *hot money* teve origem. O fato de um indesejado efeito de uma intervenção fazer com que outras intervenções sejam necessárias não é uma justificativa para o intervencionismo.

Hoje em dia, esse problema tem menos importância. Só existe um último abrigo para os capitais voláteis: a América. Se esse refúgio também se mostrar inseguro, não há outro lugar seguro para onde eles possam fugir.

Capítulo

4

1 - Confisco

O confisco generalizado de toda propriedade privada equivale à implantação do socialismo. Portanto, não precisamos lidar com essa hipótese numa análise dos problemas do intervencionismo. O que nos cabe analisar neste trabalho é apenas o confisco parcial da propriedade. Tal confisco, nos dias de hoje, é feito, sobretudo, por meio dos impostos.

As motivações ideológicas subjacentes a esse procedimento não são o aspecto mais relevante. A única questão que nos interessa examinar é a seguinte: o que se pretende com essas medidas e o que realmente se consegue obter?

Confisco e Subsídios

Consideremos, em primeiro lugar, os impostos que, direta ou indiretamente, incidem sobre a renda. Existe hoje, em todos os países, uma tendência a taxar as rendas mais elevadas com alíquotas maiores do que as que se aplicam às mais baixas. No caso de rendas que excedem certo valor, na maior parte dos países, essas alíquotas chegam até a 90%. Os métodos estabelecidos pela lei para a determinação do valor da renda e a interpretação da lei feita pelos agentes do fisco obrigam que a renda seja calculada de tal forma que lhe seja estabelecido um valor consideravelmente maior do que o valor que seria obtido com a aplicação de princípios contábeis consistentes. Se os contribuintes não conseguissem diminuir a sua carga tributária usando para isso as brechas existentes na lei, o valor do imposto a pagar, não raramente, seria maior do que o próprio valor da renda. Mas os legisladores tentam fechar essas brechas.

A opinião pública tende a acreditar que a taxação das rendas maiores não afeta as classes menos favorecidas. Isso é uma falácia. Os detentores de rendas maiores geralmente consomem uma parcela menor de suas rendas e, portanto, poupam e investem uma parte maior do que os de renda mais baixa. E é apenas através de poupança que se pode gerar capital. Somente a parte da renda que não foi consumida pode vir a ser usada como capital. Ao taxar mais fortemente as rendas maiores do que as rendas menores, está-se impedindo a formação de capital e eliminando a tendência, que prevalece numa sociedade em que a formação de capital seja crescente, de aumentar a produtividade marginal da mão de obra e, portanto, de aumentar os salários.

Evidentemente o mesmo se aplica, e com maior razão, nos casos de taxação direta sobre o capital. Taxar o capital para financiar os gastos públicos através de impostos sobre a herança ou sobre o patrimônio, por exemplo, significa consumir diretamente o capital.

O demagogo diz aos seus eleitores: "O Estado tem que arcar com muitas despesas. Mas não se preocupem que a arrecadação desses recursos não recairá sobre vocês: os ricos é que serão taxados". O político honesto diria: "Infelizmente, o Estado precisa de mais dinheiro para cobrir os seus gastos. A maior carga tributária terá que ser suportada por todos. Temos que escolher entre restringir imediatamente o nosso consumo ou consumir o capital dos ricos, primeiro, e depois conviver com salários cada vez menores".

O pior tipo de demagogo vai além, dizendo: "Precisamos nos armar e até mesmo ir à guerra. Mas com isso o padrão de vida do povo não será diminuído; poderá até mesmo aumentar. Estamos dando início a um gigantesco programa de construção de habitações e implementando uma política de melhores salários". Em resposta a isso só nos cabe afirmar que com uma quantidade limitada de materiais e mão de obra não se pode fazer, ao mesmo tempo, armas e apartamentos. *Herr* Hermann Göring (1893-1946)[1], pelo menos nesse aspecto, foi mais honesto ao dizer que o povo alemão teria que escolher entre "armas ou manteiga" e não "armas e ainda mais manteiga". Essa é a única coisa que *Herr* Göring poderá invocar a seu favor perante o tribunal da História.

Um sistema tributário que servisse aos verdadeiros interesses dos assalariados deveria taxar apenas a parte da renda que estivesse sendo consumida, e não a que estivesse sendo poupada ou investida. Taxas altas sobre o *consumo* dos ricos não são prejudiciais aos interesses das massas; por outro lado, qualquer medida que impeça a formação de capital ou que consuma capital acaba prejudicando os mais necessitados.

É claro que existem circunstâncias em que o consumo de capital é inevitável. Uma guerra dispendiosa não pode ser financiada sem que haja consumo de capital. Mas os que têm consciência dos efeitos negativos do consumo de capital

---

[1] Hermann Göring foi o fundador e até 1936 comandante da Gestapo – a polícia secreta da Alemanha nazista. Foi o responsável pelo rearmamento alemão, antes da Segunda Guerra Mundial, e depois designado chefe da Força Aérea Alemã, a *Luftwaffe*. Em 1946 foi julgado em Nürenberg, acusado de ter cometido crimes de guerra e condenado à morte por enforcamento. Duas horas antes de sua execução conseguiu enganar os carcereiros e engolir uma dose de veneno que astutamente havia conseguido manter escondida. (N. O.)

tentarão reduzi-lo a um mínimo, não porque este seja o interesse do capital, mas porque assim estarão atendendo ao interesse da mão de obra. Em certas situações, pode ser inevitável queimar a casa para não sentir frio; mas quem assim o fizer deve ter consciência das consequências que inevitavelmente advirão. É preciso enfatizar esse aspecto, particularmente nos dias de hoje, para refutar os que, equivocadamente, alegam que a expansão da atividade econômica provocada pela guerra ou pela corrida armamentista possa ser de alguma forma benéfica.

Os custos da preparação para a guerra podem ser pagos por meio da inflação, de empréstimos ou por impostos que irão dificultar a formação de capital ou até mesmo consumi-lo. As consequências da inflação já foram explicadas no Capítulo 3. Quando os recursos provêm de empréstimos, estamos apenas deslocando investimento e produção de um setor para outro; o aumento de produção e consumo em um setor da economia é compensado pela diminuição da produção e do consumo em outro. Se os recursos forem obtidos através de redução da formação de capital ou da diminuição do capital existente, poderá haver um aumento no consumo corrente. Assim sendo, o consumo com fins militares pode ser aumentado sem que haja uma proporcional redução nas outras formas de consumo. Isso poderá ser considerado um "estímulo" à atividade comercial. Mas não devemos menosprezar o fato de que todos os efeitos dessa expansão do consumo, que no momento é vista com simpatia, terão que ser compensados no futuro por depressão e redução do consumo.

2 - A Obtenção de Recursos Para os Gastos Públicos

A fome só pode ser saciada com o pão que já estiver disponível; pão futuro não alivia a fome de hoje. A reiteração desses argumentos autoevidentes pode parecer supérflua, mas é necessária para refutar as falácias relacionadas com a obtenção de recursos para os gastos públicos.

A guerra, alega-se frequentemente, é combatida não somente na defesa de nossos interesses, mas também para defender os interesses de nossos filhos e netos. É, portanto, de justiça que eles arquem com uma parte dos custos da guerra. Assim sendo, apenas uma parte dos gastos com a guerra deveria ser paga com impostos; o resto deveria ser pago com recursos obtidos através de empréstimos, cujo pagamento seria um problema das gerações futuras.

Isso não faz o menor sentido. Uma guerra só pode ser combatida com armas que estejam disponíveis hoje. O material e a mão de obra utilizados para fabricar armamentos são, evidentemente, desviados de outras utilizações, diminuindo assim a oferta de bens disponíveis para as atuais gerações. São subtraídos da renda e da propriedade existentes hoje. Só afetam os nossos netos na medida em que eles herdarão menos. Esse fato não pode ser alterado por nenhuma forma de financiamento.

O fato de uma parte dos gastos de guerra estar sendo coberta por empréstimos significa que recursos que estavam sendo empregados na produção de outros bens passaram a ser usados no esforço de guerra. Somente para quem for hoje o ministro da Fazenda um empréstimo pode ser considerado uma postergação de despesa. Para o cidadão comum, significa que ele tem que arcar com as consequências imediatamente, renunciando a consumir no presente. O que o devedor toma emprestado, enquanto durar o empréstimo, não pode ser consumido pelo emprestador.

Um indivíduo só pode comprar uma geladeira em prestações se alguém lhe conceder o respectivo crédito. Se todos os cidadãos do mundo ou de uma economia autárquica quisessem comprar a crédito, isso não seria possível. Tampouco é possível que aqueles que ainda não nasceram nos façam empréstimos. Em relação a isso podemos desconsiderar a hipótese de empréstimos estrangeiros; essa hipótese não é plausível para os Estados Unidos nos dias de hoje (1940).

Igualmente equivocada é a opinião de que o governo contrai empréstimos para não ter que taxar os ricos. Mas para taxar os ricos mais do que o fazem hoje teriam que adotar o socialismo. Como o governo não quer ir tão longe e não quer onerar as massas com mais impostos, prefere o caminho aparentemente indolor do endividamento.

Dizem os socialistas: "Essa é a questão essencial. Vocês não querem adotar o socialismo. Mas a Alemanha já provou a superioridade do socialismo na produção de armamentos. O exército alemão é o mais bem equipado do mundo. O problema crucial hoje é que os nazistas estão mais bem equipados".

Esse argumento também é um equívoco. A Alemanha está hoje mais bem equipada porque, pelo menos nos últimos oito anos, restringiu o consumo de sua população e colocou o seu sistema produtivo a serviço da produção de armamentos. Por uma incrível miopia, Inglaterra, França e as pequenas democracias não acharam necessário se armar para ter condições de se defender. Mesmo depois de a guerra ter sido deflagrada, não a levaram a sério. A luta contra os que poderiam ter lucros com o esforço de guerra parecia-lhes mais importante do que a luta contra os nazistas.

O mesmo princípio que prevalece em qualquer atividade produtiva aplica-se também no caso da indústria de armamentos: a empresa privada é mais eficiente do que a empresa estatal. Há cem anos as armas de fogo, em sua maior parte, eram produzidas nos arsenais militares e por pequenos artesãos. Os empresários privados não se interessavam pela produção de armas. Só quando perceberam que as nações estavam interessadas em se aniquilar mutuamente decidiram entrar nesse tipo de atividade. Seu sucesso foi avassalador. As armas produzidas em larga escala pela indústria privada revelaram-se muito melhores do que as produzidas pelo Estado. Todos os aperfeiçoamentos dos artefatos de guerra tiveram sua origem na empresa privada. As fábricas de armas estatais sempre resistiram à adoção de novas técnicas, e os peritos militares sempre relutaram em aceitar os aprimoramentos que lhes eram apresentados pelos empresários.

Contrariamente àquilo em que geralmente se acredita, as nações não entram em guerra para que os fabricantes de armas tenham lucro. As fábricas de armamentos existem porque as nações entram em guerra. Os empresários e os capitalistas que fabricam armas estariam produzindo outros bens, se a demanda por armas não fosse maior do que a demanda por outros bens. A indústria de guerra alemã também se desenvolveu através da empresa privada. Se for estatizada, a superioridade que conseguiu através da empresa privada só poderá ser mantida por certo período de tempo.

Na Inglaterra, hoje se costuma dizer: já que os trabalhadores ingleses terão que suportar os pesados sacrifícios que a guerra lhes impõe, eles têm o direito de exigir que essa atitude nobre seja recompensada com a abolição do capitalismo e a adoção do socialismo depois da guerra. Dificilmente um argumento poderia ser mais absurdo do que esse.

Se os trabalhadores ingleses defendem o seu país, a sua liberdade e a sua cultura do ataque que lhes foi feito pelos nazistas e fascistas e pelos comunistas, que para todos os efeitos práticos são aliados dos nazistas[2], o fazem por si e por seus filhos, e não no interesse de algum outro povo a quem, depois, possam pedir alguma compensação. A única recompensa que esse grande sacrifício pode lhes proporcionar é a vitória e, com ela, a garantia de que não terão que ficar na mesma situação em que se encontram o povo alemão e o povo russo. Se os trabalhadores ingleses fossem de opinião que esse resultado não justifica o esforço que terão de fazer para vencer a guerra, eles não lutariam; simplesmente capitulariam.

Se acreditarmos que o socialismo é um sistema melhor, que proporciona uma vida melhor para a grande maioria da população do que lhes proporciona o capitalismo, então devemos adotar o regime socialista, não obstante estarmos em guerra ou em período de paz, e independentemente de que os trabalhadores tenham ou não demonstrado bravura

[2] Convém lembrar que quando Mises escreveu essas linhas a Alemanha e a União Soviética eram aliadas em virtude do Tratado de Não Agressão de 1939. (N. O.)

na guerra. Porém, se acreditamos que o sistema econômico que os senhores Adolf Hitler, Josef Stalin e Benito Mussolini chamam "plutocracia" proporciona uma vida melhor para as massas do que o socialismo, seria absurdo "recompensar" os trabalhadores reduzindo o seu padrão de vida ao nível dos alemães, italianos e russos.

3 - Investimentos Públicos não Lucrativos e Subsídios

Os empresários só levam adiante projetos que sejam lucrativos. Isso significa que eles usam os meios de produção, que são escassos, de maneira a satisfazer primeiro as necessidades mais urgentes, e que nenhum capital ou mão de obra será utilizada para satisfazer necessidades menos urgentes enquanto houver uma necessidade mais urgente ainda não atendida.

Quando o governo intervém tornando possível um projeto que, em vez de lucros, gera prejuízos, todos falam das necessidades que serão assim atendidas; ninguém fala das necessidades que deixam de ser atendidas porque o governo desviou para outros fins os recursos disponíveis. Só se considera o benefício proporcionado pela ação do governo, e não o seu custo.

Não cabe ao economista dizer o que o povo deve preferir e nem como deve usar os seus recursos. Mas é de seu dever chamar a atenção de todos para os custos das decisões do governo. Isso o diferencia do charlatão, que só fala dos benefícios da intervenção sem jamais se referir aos malefícios que ela acarreta.

Consideremos, por exemplo, um caso que podemos hoje analisar objetivamente porque é um assunto passado, embora não um passado muito distante. Suponhamos que uma estrada de ferro, cuja construção e operação não seriam economicamente viáveis, isto é, não seriam lucrativas, seja viabilizada pela concessão de um subsídio do governo. Costuma-se dizer, em situações como essa, que a estrada de ferro não seria lucrativa no sentido usual do termo e que, portanto, não despertaria o interesse dos empresários e dos capitalistas. Mas contribuiria para o desenvolvimento de toda uma região promovendo o tráfego, o comércio e a agricultura, dando assim uma importante contribuição para o progresso da economia. Tudo isso precisaria ser levado em consideração ao se avaliar, com uma visão maior, a conveniência de executar a estrada de ferro em vez de se ficar limitado a considerações de lucratividade. Para o interesse privado, a construção da estrada de ferro pode parecer desaconselhável, mas do ponto de vista do interesse público sua construção seria benéfica.

Esse raciocínio está inteiramente errado. É claro que não se pode negar que a construção da estrada de ferro beneficia os habitantes da região por ela servida. Ou, melhor dizendo, beneficia os proprietários de terras da região e os que fizeram investimentos que não podem ser transferidos sem uma diminuição de seu valor. Alega-se, geralmente, que a estrada irá desenvolver as forças produtivas da região atendida. O economista tem que colocar a questão de forma diferente: o Estado usa o dinheiro dos contribuintes para subsidiar a construção, a manutenção e a operação da linha que, sem esse subsídio, não poderia ser construída e operada. Esses subsídios desviam uma parte da produção de locais cujas condições naturais são mais favoráveis à produção para locais menos adequados a esse propósito. Estará sendo cultivada uma terra que, devido a sua distância dos centros de consumo e devido a sua baixa fertilidade, não possibilitaria a existência de uma agricultura rentável, a não ser que fosse favorecida pelo subsídio dado ao sistema de transporte, para cujo custo não teria condições de contribuir proporcionalmente. Sem dúvida, esses subsídios contribuem para o desenvolvimento econômico da região onde, não fora isso, a produção seria menor. Mas o aumento de produção na região assim favorecida pelo subsídio governamental deve ser contrastado com o ônus imposto sobre a produção e o consumo nas regiões que terão que pagar por essa política do governo. As terras mais pobres, menos férteis e mais distantes estão sendo subsidiadas com a arrecadação de impostos que ou estão onerando a produção de terras melhores ou estão sendo arcados diretamente pelos consumidores. As empresas localizadas em regiões menos adequadas terão condições de aumentar a produção, enquanto as empresas mais bem localizadas terão que restringir a sua produção. Há quem considere isso "justo" ou politicamente correto, mas não devemos nos iludir e acreditar que dessa forma a satisfação geral estará sendo aumentada; na realidade, está sendo diminuída.

O aumento de produção na região servida pela estrada de ferro subsidiada não deve ser considerado como "benéfico do ponto de vista da prosperidade nacional". Esses benefícios significam apenas que certo número de empresas estará operando em locais que, não fora o subsídio, seriam considerados inadequados. Os privilégios concedidos pelo Estado a suas empresas, ainda que indiretamente através do subsídio à estrada de ferro, não são diferentes dos privilégios que o Estado concede diretamente a empresas menos eficientes. No final das contas, dá no mesmo o Estado subsidiar ou conceder privilégios a um sapateiro, por exemplo, a fim de habilitá-lo a competir com a indústria de calçados, ou favorecer o proprietário de terras, cuja competitividade é menor em virtude de sua localização, utilizando recursos públicos para pagar parte do custo de transporte de seus produtos.

Pouco importa se o Estado efetua o investimento improdutivo diretamente ou se ele subsidia uma empresa privada para viabilizar a realização de um projeto antieconômico. O efeito sobre a comunidade é o mesmo, em ambos os casos. Tampouco importa o método usado para conceder o subsídio. Não importa se o produtor menos eficiente é subsidiado para que possa produzir ou aumentar sua produção ou se o produtor mais eficiente é incentivado a não produzir ou reduzir sua produção. Pouco importa se a doação é feita para produzir ou para não produzir, ou se o governo apenas compra as mercadorias e as retira do mercado. Em ambos os casos os cidadãos pagam duas vezes – uma vez como contribuintes, que são os que indiretamente pagam os subsídios, e depois uma vez mais como consumidores, ao ter que pagar preços maiores pelos bens que desejam comprar ou por ter que reduzir seu consumo.

4 - Altruísmo Empresarial

Quando os que se autodenominam "progressistas" usam a palavra "lucro", o fazem enfurecidos e raivosos. Para eles o ideal seria que não existisse o lucro. O empresário deveria servir o povo altruisticamente, em vez de tentar obter lucros. Deveria não ter lucro ou se contentar com uma pequena margem sobre os seus custos. Nenhuma objeção é feita se ele tiver que suportar prejuízos.

Mas a motivação para o lucro da atividade empresarial é precisamente o que dá sentido e significado, orientação e direção à economia de mercado baseada na propriedade privada dos meios de produção. Eliminar a motivação pelo lucro equivale a transformar a economia de mercado numa completa desordem.

Já examinamos o confisco dos lucros e as consequências de tal medida. Examinemos agora a sugestão de limitar os lucros a uma determinada porcentagem dos custos. Se assim fosse, quanto maior o custo, maior o ganho do empresário; o incentivo de produzir o mais barato possível seria substituído pelo seu oposto. Cada redução no custo de produção reduziria seu ganho; cada aumento no custo de produção aumentaria sua renda. Não é preciso supor que o empresário tenha intenções sinistras; basta entender o que uma redução de custo lhe acarreta. Na maior parte dos casos o empresário pode conseguir reduzir os seus custos de duas maneiras; comprando bem as matérias-primas e os produtos semiacabados, e adotando métodos de produção mais eficientes. Ambos implicam uma boa dose de risco e uma boa dose de inteligência e de experiência. Como em qualquer outra ação empresarial, saber se é hora de comprar ou de se abster de comprar é sempre uma especulação sobre um futuro incerto. Um empresário que arque integralmente com os prejuízos, mas só possa ter uma parte dos lucros e que ganhe mais na medida em que aumentem os seus custos é completamente diferente do empresário a quem serão creditados ou debitados a totalidade de seus lucros ou perdas. Sua postura diante dos riscos do mercado será completamente diferente: não terá o mesmo empenho em descobrir onde comprar por preços menores do que o teria um empresário atuando numa economia livre. O mesmo se aplica aos aprimoramentos dos métodos de produção. São iniciativas arriscadas; investimentos adicionais são necessários sem que se possa ter certeza, *a priori*, de que produzirão resultados. Por que razão iria o empresário correr esse risco se, em caso de sucesso, seria punido com uma redução na sua receita?

Capítulo

5

1 - Corporativismo

O corporativismo[1] é um programa, não é uma realidade. Convém, de saída,

[1] Corporativismo é o nome dado à forma especificamente italiana de organização econômica proposta durante o governo de Benito Mussolini (em italiano – economia corporativa; em alemão – *Staendestaat*). O corporativismo pretendia que cada setor de atividade ou "guilda", tivesse completa autonomia e autoridade para determinar suas regras, salários, horários, produção etc. Decisões que afetassem outros setores de produção deviam ser harmonizadas por um arbitramento entre guildas ou por uma determinação do governo. Tal sistema é irrealizável e, portanto, nunca foi implementado.
Para maiores detalhes, ver *Human Action* (2ª. e 4ª. edições, p. 816-20). Ver, também: GREAVES, JR., Percy L. *Mises Made Easier: A Glossary for Ludwig von Mises' Human Action*. Dobbs Ferry: Free Market Books, 1974. (N. O.)
Na segunda edição publicada pelo Instituto Liberal de *Ação Humana*, ver as páginas 821-25. (N. T.)
Na edição lançada pelo Instituto Mises brasil, ver as páginas 921-26. (N. E.)

Corporativismo e Sindicalismo

deixar isso claro para evitar mal-entendidos. Em nenhum lugar se tentou traduzir esse programa em realidade. Mesmo na Itália, apesar de toda propaganda feita, o Estado corporativo não chegou realmente a ser implantado.

As diferentes ideologias políticas e econômicas têm sido caracterizadas como típicas de certos países. As ideias ocidentais têm sido contrastadas com as ideias alemãs e eslavas; foi descoberta uma suposta diferença entre a mentalidade latina e a mentalidade teutônica; particularmente na Rússia e na Alemanha fala-se na missão do povo eleito para governar o mundo e conduzi-lo à salvação. Em vista dessas tendências é necessário enfatizar que todas as ideias políticas e econômicas que hoje predominam no mundo foram inicialmente concebidas por pensadores ingleses, escoceses e franceses. Os alemães e os russos não deram a mínima contribuição para a formulação do socialismo; as ideias socialistas que hoje vigoram na Alemanha e na Rússia são oriundas do Ocidente, da mesma forma que muitas das ideias que hoje alemães e russos estigmatizam como ocidentais. O mesmo ocorre em relação ao corporativismo; ele deriva do socialismo de guildas inglês, e é preciso examinar os textos desse hoje quase desconhecido movimento para se compreender as ideias básicas do corporativismo. Os livros, os programas partidários e outros comentários relativos ao Estado corporativo publicados na Itália, na Áustria e em Portugal são falhos na enunciação de conceitos e imprecisos em suas formulações e postulados; evitam analisar as questões verdadeiras, recorrendo largamente a *slogans* populares. Os ingleses, que defendiam o socialismo de guildas, foram mais claros ao apresentar o seu programa, e Sidney Webb (1859-1947) e Beatrice Webb (1858-1943) nos legaram uma enunciação completa dos objetivos e da operação do sistema[2].

Na utopia corporativista o mercado é substituído pela interação daquilo que os italianos denominam "corporação", isto é, organizações que compulsoriamente agregavam todas as pessoas envolvidas com certo tipo de atividade. Tudo o que fosse concernente apenas a essa atividade, ou seja, os negócios internos de cada corporação, era tratado e resolvido pela própria corporação, sem a interferência do Estado ou de pessoas que não pertencessem à corporação[3]. As relações entre as diferentes corporações seriam reguladas segundo negociações entre elas ou por uma junta de representantes de

---

[2] Ver: WEBB, Sidney & WEBB, Beatrice. *A Constitution for the Socialist Commonwealth of Great Britain*. London: Longmans, Green and Co., 1920.

[3] A isso os Webb denominavam "o direito de autodeterminação de cada categoria".

todas as corporações. O Estado, isto é, o Parlamento eleito pelo povo e o governo por ele escolhido só deveriam intervir se as corporações não conseguissem chegar a um acordo.

Ao elaborar os seus planos para a implantação de um sistema de guildas, os socialistas ingleses tinham em mente o padrão inglês de governo local e sua relação com o governo central. Propunham o autogoverno para cada setor da atividade econômica. Assim como os municípios e as cidades cuidam de seus problemas locais, cada setor de produção administraria as suas questões internas no contexto de um organismo social mais amplo.

Mas numa sociedade baseada na divisão do trabalho não existem problemas internos de setores específicos que afetem apenas os que são ligados a esses setores, sem afetar também todos os outros cidadãos. É do interesse de todos que cada negócio, empresa ou fábrica seja dirigido da forma mais eficiente possível. Todo desperdício de material e mão de obra em qualquer atividade econômica tem reflexos sobre cada cidadão individualmente. Não se pode deixar que a decisão quanto ao método de produção a ser empregado e quanto ao tipo e à quantidade de produto a ser produzido seja tomada apenas por aqueles que estejam engajados em determinado setor de atividade, porque tais decisões dizem respeito a todos, e não apenas aos membros daquela profissão, daquela guilda ou daquela corporação. O empresário, numa sociedade capitalista, embora tenha o comando sobre seu negócio está sujeito à lei do mercado; se quiser ter lucros e evitar prejuízos, terá que atender aos desejos dos consumidores da melhor maneira possível. A organização da atividade econômica sob a forma de corporações, não tendo que temer a competição e tendo o poder de regular os seus problemas internos como melhor lhe conviesse, faria com que o consumidor passasse de soberano a um mero vassalo.

A maioria dos defensores do Estado corporativo não quer eliminar os empresários e os proprietários dos meios de produção. Pretendem que a organização de todos os indivíduos envolvidos em determinada atividade econômica seja feita através da corporação. As disputas entre o empresário, os proprietários do capital investido e os trabalhadores, sobre a destinação a ser dada ao lucro e à sua distribuição entre esses grupos seriam, na opinião desses defensores do Estado corporativo, uma questão meramente interna a ser decidida autonomamente dentro da corporação, sem a interferência de intrusos. Todavia, nunca chegaram a explicar como isso poderia ser feito. Se os empresários, os capitalistas e os trabalhadores formarem grupos distintos dentro da corporação e se as negociações forem feitas entre esses grupos, só poderá haver acordo se os empresários e os capitalistas, voluntariamente, renunciarem aos seus direitos. Se, entretanto, as decisões forem, direta ou indiretamente, tomadas com base no voto de todos os membros, cada indivíduo tendo direito a um voto, os trabalhadores, sendo mais numerosos, derrotariam os empresários e os capitalistas, fazendo com que suas reivindicações fossem atendidas. O corporativismo, nessa hipótese, transformar-se-ia em sindicalismo[4].

---

[4] Sindicalismo é o movimento que defende a transferência das ações de propriedade dos empresários e dos capitalistas para os trabalhadores, para que o negócio

O mesmo se aplica ao problema das diferenças salariais. Se essa difícil questão tiver que ser decidida por uma votação em que votem todos os que trabalham na mesma atividade econômica, o resultado, muito provavelmente, será que todos tenham o mesmo salário, independentemente da função que cada um desempenhe.

Para poder pagar as suas contas e ter algo mais para distribuir, a corporação precisa, antes de tudo, vender os seus produtos. A corporação ocupa no mercado a posição de único produtor e vendedor dos bens de suas linhas de produção. Não tem que temer a competição de outros produtores, porque detém a exclusividade nesse tipo de produção. Teríamos, portanto, uma sociedade de monopolistas. Isso não significa que todas as corporações pudessem cobrar preços monopolistas, mas muitas delas o poderiam, auferindo assim lucros monopolistas em maior ou menor escala. A organização corporativa da sociedade daria, portanto, ensejo a que certos setores da atividade econômica e os que nela trabalham tivessem uma vantagem especial. Algumas indústrias poderiam, pela redução de sua produção, aumentar consideravelmente as suas receitas, de forma que os que delas participassem tivessem uma parcela relativamente maior do consumo total da sociedade. Algumas indústrias poderiam até conseguir que

---

passe a pertencer e a ser operado por eles. Seu grito de guerra é "a estrada de ferro para os ferroviários"; "as minas para os mineiros". Para maiores esclarecimentos, ver: *Human Action* (2ª. e 4ª. edições, pp. 814-16). Ver, também: GREAVES JR., Percy L. *Mises Made Easier*. *Op. cit.* (N. O.)
Ver: *Ação Humana*, 2ª. ed., p. 817-21. (N. T.)
Ver: *Ação Humana*, 3ª. ed., p. 917-21. (N. E.)

seus membros tivessem um aumento em termos absolutos de sua parcela do consumo, apesar de ter havido uma diminuição na produção total.

Isso é suficiente para demonstrar as deficiências do corporativismo. As corporações não teriam o necessário incentivo para tornar sua produção tão eficiente quanto possível. Estariam mais interessadas em reduzir sua produção, a fim de poder exercer preços monopolistas; conforme seja a demanda, os que estiverem engajados num setor da atividade serão mais beneficiados do que os outros. Quanto maior e mais urgente for a demanda por seus produtos, mais fortalecida ficará a corporação; a intensidade da demanda fará com que seja possível para algumas corporações restringir sua produção e ainda assim aumentar seu lucro total. As indústrias que produzem bens vitais, no estrito sentido da palavra, acabariam por ter um ilimitado poder despótico.

É difícil imaginar que tal sistema possa vir a ser implantado. Todas as propostas em favor de um sistema corporativo preveem a intervenção do Estado, pelo menos no caso de não se conseguir chegar a um acordo em temas que envolvam alguma ou todas as corporações[5]. Os preços a serem cobrados pelas corporações seriam certamente um desses temas. Não se pode pretender que as corporações estivessem sempre de acordo em relação aos preços a serem cobrados. Se o Estado tiver que intervir, tiver que fixar preços, o sistema terá perdido o seu caráter corporativo, tornando-se um sistema socialista ou intervencionista.

---

[5] Conforme discurso de Mussolini no Senado italiano em 13 de janeiro de 1934.

Mas não é só por isso que não se pode fazer com que um sistema corporativo funcione. O sistema torna impossível que se façam mudanças nos processos de produção, se houver uma mudança na demanda ou se novos métodos de produção forem introduzidos. Terá que haver um deslocamento de capital e mão de obra de um setor de atividade para outro. Essas questões ultrapassam os limites de uma única corporação. Uma autoridade que esteja acima das corporações terá que intervir, e essa autoridade só pode ser o Estado. Porém, se é o Estado que decide quanto de capital e mão de obra devem ser empregados por cada corporação, o sistema deixa de ser corporativo e passa a ser um sistema inteiramente estatal.

2 - Sindicalismo

O corporativismo ou o sistema de guildas acaba, assim, se transformando em sindicalismo. Os trabalhadores de cada setor de atividade passam a controlar os meios de produção e a decidir o que deve ser produzido. Pouco importa se, nessa nova ordem, vier a ser atribuída uma posição especial aos ex-empresários e ex-capitalistas. Eles não são mais empresários e capitalistas no sentido com que essas palavras são usadas numa economia de mercado. Passam a ser apenas cidadãos que têm o privilégio de decidir sobre questões gerenciais e sobre a distribuição da renda auferida. Porém, a função social que eles exerciam na economia de mercado passa a ser exercida pela corporação como um todo. Mesmo que, na corporação, apenas os ex-empresários e ex-capitalistas tivessem o direito de tomar decisões e recebessem a maior parcela da renda, ainda assim o sistema continuaria a ser sindicalismo. A característica econômica do sindicalismo não reside no fato de os sindicalizados receberem a mesma renda, ou serem consultados em questões de política comercial; essencial é o fato de que os indivíduos e os meios de produção são rigidamente vinculados a setores específicos, de tal forma que nenhum trabalhador e nenhum fator de produção possa ser deslocado de um setor para outro. Não importa se os *slogans* "os moinhos para os moleiros", "as impressoras para os gráficos" devam ser interpretados como se as palavras "moleiros" e "gráficos" incluíssem também os ex-proprietários dos moinhos e das impressoras e se a esses ex-empresários e ex-proprietários for dada uma posição privilegiada. O que importa é que a economia de mercado, na qual os proprietários dos meios de produção e os empresários, assim como os trabalhadores, dependem das decisões dos consumidores, está sendo substituída por um sistema no qual a produção deixa de ser determinada pela demanda dos consumidores e passa a ser decidida apenas pelos produtores. O cozinheiro é quem passa a decidir o que e quanto cada indivíduo irá comer. Como só o cozinheiro tem direito de preparar comida, quem não estiver disposto a comer o que ele preparou terá que morrer de fome. Tal sistema só poderia ter algum significado se a distribuição de capital e mão de obra entre os diversos setores de produção correspondesse, aproximadamente, às condições da demanda e se, ainda, essa situação se mantivesse inalterada. Mas as coisas estão sempre mudando, e cada mudança faria com que fosse cada vez pior o funcionamento de um sistema dessa natureza.

É sintomático que a falta de perspectiva decorrente de sua posição no processo produtivo tenha levado os trabalhadores a acreditar no postulado sindicalista, segundo o qual os trabalhadores deviam ser os proprietários dos meios de produção. Isso porque é natural que considerem a loja, o escritório e a fábrica onde diariamente executam suas tarefas como instituições permanentes; não chegam a perceber que a atividade econômica está sujeita a constantes mudanças. Não sabem se a empresa onde trabalham está tendo lucro ou não. Se soubessem, os empregados das empresas de estradas de ferro que estão operando com prejuízo não estariam pleiteando: "as estradas de ferro para os ferroviários". Os trabalhadores ingenuamente acreditam que só o seu trabalho merece ser recompensado, e que os empresários e os capitalistas são meros parasitas. Isso pode ser uma explicação psicológica para a origem e a aceitação das ideias sindicalistas, mas não significa que o sindicalismo possa funcionar na prática.

Os sistemas sindicalista e corporativista partem do pressuposto de que as condições de produção vigentes permanecerão inalteradas. Caso essa pressuposição fosse correta, não haveria mudança na alocação de capital e mão de obra. E para que tais mudanças pudessem ocorrer, as decisões teriam que ser tomadas por uma autoridade que estivesse acima da corporação e do sindicato. Por essa razão, jamais um economista respeitável se atreveu a defender a ideia sindicalista como uma solução satisfatória para o problema da cooperação social. O sindicalismo revolucionário de Georges Sorel

(1847-1922)[6] e dos partidários da *action directe* não tem nada a ver com o programa social do sindicalismo. A proposta sindicalista de Sorel era uma mera tática, cujo objetivo final era a implantação do socialismo.

O socialismo de guildas inglês floresceu por um breve período e depois desapareceu quase completamente. Seus próprios proponentes o abandonaram, obviamente por terem percebido as contradições que lhe são inerentes. A ideia corporativa ainda exerce, nos dias de hoje, um papel de relativa importância nos textos e discursos dos políticos, embora nenhum país tenha se aventurado a implementá-la. Na Itália fascista, onde o corporativismo é enfaticamente exaltado, é o governo que impõe a sua vontade sobre toda atividade econômica. Na Itália "corporativa" não há espaço para a existência de corporações autônomas.

Hoje em dia, há uma tendência generalizada a atribuir o termo "corporação" a certas instituições. Entidades que prestam serviços de consultoria ao governo ou cartéis criados e mantidos pela proteção governamental têm sido qualificados como instituições corporativas. Mas não têm nada em comum com o verdadeiro corporativismo.

Em qualquer circunstância, permanece sempre o fato de que a ideia corporativista ou sindicalista não tem como escapar da alternativa: economia de mercado ou socialismo – qual?

---

[6] Georges Sorel foi um pensador político francês. (N. O.)

Capítulo

6

I - A Guerra e a Economia de Mercado

A democracia é o corolário da economia de mercado nos assuntos internos de um país; a paz é o seu corolário nos assuntos externos. Economia de mercado significa cooperação pacífica e troca voluntária de bens e serviços. Não tem como subsistir, quando a ordem do dia passa a ser uma matança generalizada.

A incompatibilidade da guerra com a economia de mercado e com a civilização não tem sido plenamente percebida em virtude de o caráter original da guerra ter sido alterado pela evolução progressiva da economia de mercado. Gradualmente, a guerra total dos tempos antigos transformou-se na guerra entre soldados dos tempos atuais.

Na guerra total, uma horda se desloca para lutar e saquear. A tribo inteira, o povo todo se desloca; ninguém – nem mesmo uma mulher

Economia de Guerra

e uma criança – permanece em sua casa, a não ser que tenha que desempenhar tarefas que sejam essenciais para o esforço de guerra. A mobilização é total, e o povo está sempre pronto para ir à guerra, seja como um guerreiro, seja para servir aos guerreiros. Exército e nação, exército e Estado são equivalentes. Não há diferença entre combatentes e não combatentes. O objetivo da guerra é aniquilar inteiramente a nação inimiga. A guerra total não termina com um tratado de paz, só termina com a vitória total e a derrota total. Os derrotados – homens, mulheres e crianças – são exterminados; condená-los à escravidão é um ato de clemência. Só as nações vitoriosas sobrevivem.

Por outro lado, na guerra entre soldados os exércitos é que combatem, enquanto os cidadãos que não estão envolvidos com o esforço de guerra continuam a viver suas vidas normalmente. Os cidadãos pagam os custos da guerra, pagam para manter e equipar as forças armadas, mas a não ser por isso não participam diretamente nos eventos da guerra. Pode ocorrer que as operações de guerra arrasem suas casas, devastem as suas terras e destruam suas propriedades, mas isso também faz parte do custo da guerra que tem que ser suportado pelos cidadãos. Pode também ocorrer que eles sejam saqueados e eventualmente mortos pelos combatentes, até mesmo por aqueles que pertencem ao seu "próprio" exército. Mas não são eventos que sejam inerentes ao esforço de guerra; mais atrapalham do que ajudam os comandantes das forças armadas, e não são admitidos se o comando tiver absoluto controle sobre suas tropas. A nação em guerra que formou, equipou e mantém suas forças armadas considera um insulto, uma transgressão que seus soldados efetuem um saque; eles foram contratados para combater, e não para saquear em seu próprio benefício. O Estado quer que a vida civil continue sem grandes alterações porque precisa preservar a capacidade de seus cidadãos pagarem impostos; os territórios conquistados passam a fazer parte de seus domínios. A manutenção do sistema de economia de mercado durante a guerra é uma conveniência do esforço de guerra.

A evolução da guerra total para a guerra entre soldados deveria ter sido suficiente para eliminar de vez as guerras. Foi uma evolução cuja consequência final seria a paz permanente entre as nações civilizadas. Os liberais do século XIX tinham plena consciência desse fato. Consideravam que a guerra, um remanescente de uma idade das trevas, estava fadada a desaparecer, assim como também o estavam instituições de tempos já passados – escravidão, tirania, intolerância, superstição. Acreditavam firmemente que o futuro seria abençoado com a paz eterna.

As coisas se passaram de uma maneira diferente. O desenvolvimento, que deveria proporcionar a pacificação do mundo, resultou no oposto. Essa completa reversão não deve ser entendida como um fato isolado. Estamos testemunhando hoje a ascensão de uma ideologia que conscientemente nega tudo aquilo que se considerava como cultura. Os valores "burgueses" deviam ser revistos. As instituições da "burguesia" deviam ser substituídas por instituições proletárias. E, com a mesma convicção, o ideal "burguês" da paz eterna devia ser substituído pela glorificação da força. O pensador francês Georges Sorel, apóstolo do sindicalismo e da violência, foi o padrinho do bolchevismo e do fascismo.

Pouca diferença existe entre os nacionalistas que querem a guerra entre nações e os marxistas que querem a guerra entre classes, ou seja, a guerra civil. Decisivo é que ambos pregam a guerra de aniquilação, a guerra total. Também faz pouca diferença se os vários grupos antidemocráticos estão unidos, como no presente momento, ou se estão lutando entre si. De qualquer forma, estarão sempre juntos no ataque à civilização ocidental.

2 - Guerra Total e Socialismo de Guerra

Se considerássemos como Estados as hordas de bárbaros que, vindas do leste, derrubaram o Império Romano, teríamos de dizer que eram Estados totalitários. A horda era comandada da mesma forma que hoje os nazistas são chefiados por um *Führer*. Só a vontade de um Átila (406-453) ou de um Alarico (370-410) podia prevalecer. Os hunos e os godos, enquanto indivíduos, não tinham quaisquer direitos e nem sequer vida privada. Todos os homens, mulheres e crianças eram simplesmente unidades à disposição do seu chefe para combater ou para trabalhar nos serviços de apoio; tinham que obedecer incondicionalmente.

Seria um erro presumir que essas hordas tivessem uma organização socialista. O socialismo é um sistema de produção social baseado na propriedade pública dos meios de produção. Nas hordas não prevalecia a forma de produção socialista. Quando não obtinham o seu sustento com o saque dos derrotados e tinham que prover suas necessidades com seu próprio trabalho, cada família tinha que produzir por conta própria e com os seus próprios recursos. O chefe não perdia tempo com essas questões; cada indivíduo, homem ou mulher que se sustentasse por conta própria. Não havia planejamento e nem socialismo. Distribuição de pilhagem não é socialismo.

A economia de mercado é incompatível com a guerra total. Na guerra de soldados apenas os soldados lutam; para a grande maioria, a guerra é apenas um sofrimento passageiro e não um objetivo a ser alcançado. Enquanto os exércitos combatem entre si, os cidadãos, os fazendeiros e os trabalhadores tentam levar adiante as suas tarefas habituais.

O primeiro passo para que a guerra de soldados voltasse a ser a guerra total foi dado com a introdução do serviço militar compulsório. Gradualmente foi deixando de haver uma diferença entre soldados e cidadãos. A guerra deixava de ser um assunto de mercenários; passava a envolver qualquer pessoa que tivesse aptidão física. O *slogan* "uma nação em armas", em princípio, era apenas um programa que, por razões financeiras, não podia ser inteiramente implementado. Somente uma parte da população masculina apta recebia treinamento militar e era colocada à disposição das forças armadas. Mas uma vez que se entra por esse caminho não se consegue parar pela metade. Eventualmente, a mobilização militar acabava por absorver até mesmo os homens que eram indispensáveis para abastecer os combatentes com armas e alimentos. Tornava-se necessário diferenciar entre ocupações essenciais e não essenciais. Os homens cuja atividade fosse essencial para o esforço de guerra podiam ser dispensados de integrar as tropas de combate. Por essa razão a força de trabalho disponível era colocada nas mãos dos comandantes militares. O serviço militar compulsório pretendia que todo cidadão fisicamente apto integrasse as forças armadas; só os doentes, os fisicamente incapacitados, os velhos, as mulheres e as crianças podiam ficar isentos. Mas, quando se percebe que uma parte dos indivíduos aptos está sendo usada na indústria para executar tarefas que poderiam ser executadas por velhos e por jovens, pelos menos capazes e pelas mulheres, deixa de haver uma razão para diferenciar, no serviço compulsório, os aptos dos fisicamente incapacitados. Assim sendo, o serviço militar compulsório acaba por conduzir todos os cidadãos, homens e mulheres, que possam trabalhar para o trabalho compulsório. O comandante-chefe, que exerce o poder sobre toda a nação, coloca os menos aptos para trabalhar nas atividades de abastecimento, a fim de poder mandar para frente de batalha o maior número possível de aptos, sem colocar em risco o abastecimento das forças armadas. O comandante-chefe passa então a ser quem decide o que deve ser produzido, e como. Também decide como os produtos devem ser usados. A mobilização torna-se total; a Nação e o Estado tornam-se um exército; a economia de mercado é substituída pelo socialismo de guerra.

Nesse particular, é irrelevante se aos antigos empresários for concedida uma posição privilegiada nesse sistema de socialismo de guerra. Podem ser chamados de gerentes e ocupar posições elevadas nas fábricas, que agora estão todas a serviço das forças armadas. Podem receber rações mais generosas do que a que recebem os que eram apenas funcionários ou operários. Já não são mais empresários. São gerentes a quem está sendo dito o quê e como produzir, onde e por que preços comprar os meios de produção e a quem e por que preços vender os produtos.

Se a paz for considerada apenas como uma trégua, durante a qual a nação deva se armar para a próxima guerra, é necessário, em tempo de paz, colocar a produção em ritmo de guerra, bem como organizar e preparar as forças armadas. Seria, portanto, ilógico adiar a mobilização total até a eclosão das hostilidades. A única diferença entre guerra e paz, nesse contexto, é que em tempos de paz certo número de homens, que durante a guerra estaria na frente de batalha, ainda estaria trabalhando na produção doméstica. A transição de tempos de paz para tempos de guerra consistiria, portanto, apenas em deslocar esses homens da produção doméstica para frente de batalha.

É evidente que, no final das contas, a guerra e a economia de mercado são incompatíveis. A economia de mercado pôde se desenvolver porque o industrialismo empurrou o militarismo para um segundo plano e fez com que a guerra total "degenerasse" em guerra de soldados.

Não precisamos considerar a questão de saber se o socialismo, necessariamente, conduz a uma guerra total. Para o tema de que estamos nos ocupando tal análise não é necessária. Basta que se mencione que um agressor não poderá travar uma guerra total sem implantar o socialismo.

3 - A Economia de Mercado e a Defesa Nacional

O mundo, hoje, está dividido em duas partes. As hordas totalitárias estão atacando as nações que procuram manter a economia de mercado e a democracia; estão dispostas a destruir a "decadente" civilização ocidental e implantar uma nova ordem.

É crença geral de que essa agressão força os agredidos a ajustar o seu sistema social às necessidades da guerra total, ou seja, trocar a economia de mercado pelo regime socialista e a democracia pela ditadura. Dizem uns, já desesperançados: "A guerra inevitavelmente conduz ao socialismo e à ditadura. Embora estejamos tentando defender a democracia e repelir o ataque do inimigo, estamos também aceitando o seu sistema político e a sua ordem econômica". Nos Estados Unidos esse é o principal argumento para que se adote o isolacionismo. Os isolacionistas acreditam que a liberdade só pode ser preservada se os Estados Unidos não participarem da guerra.

Os "progressistas" também acham que a guerra conduz ao socialismo. São entusiasticamente a favor da luta contra Adolf Hitler, porque estão convencidos de que a guerra deverá criar condições para a implantação do socialismo. Querem que os norte-americanos participem da guerra para derrotar Hitler e, ao mesmo tempo, querem introduzir o seu sistema nos Estados Unidos.

Seria essa, necessariamente, a verdade? Uma nação defendendo-se da agressão de um país totalitário teria também que adotar o regime totalitário? Um Estado onde vigore a democracia e a economia de mercado não teria condições de enfrentar um inimigo totalitário e socialista?

É opinião corrente que a experiência da guerra atual é uma prova da superioridade do sistema socialista de produção em comparação com a economia de mercado. O Exército alemão tem uma enorme superioridade em qualquer tipo de armamento necessário para disputar uma guerra. Os exércitos da França e do Império Britânico, que tinham à sua disposição recursos provenientes de todo o mundo, entraram no conflito mal armados e mal preparados, e ainda não foram capazes de superar essa inferioridade. Esses fatos são inegáveis, mas precisamos interpretá-los corretamente.

Quando os nazistas chegaram ao poder, o Reich alemão já estava muito mais bem preparado para uma nova guerra do que os especialistas ingleses e franceses supunham. A partir de 1933 o Reich passou a concentrar todos os seus esforços na preparação para a guerra. Hitler transformou o Reich num campo armado. A produção bélica foi expandida ao máximo. A produção de bens para consumo privado foi reduzida a um mínimo. Hitler preparou-se abertamente para uma guerra de aniquilação contra a França e a Inglaterra. Os ingleses e os franceses a tudo assistiam como se o esforço bélico alemão não lhes dissesse respeito.

Durante os anos críticos que precederam a eclosão da Segunda Guerra Mundial, havia na Europa, exceto nos países totalitários, apenas dois partidos: os anticomunistas e os antifascistas. Essas designações não lhes foram atribuídas por outros grupos ou por seus adversários, foram os próprios partidos que as adotaram.

Os antifascistas – na Inglaterra, primeiramente, o Partido Trabalhista (*Labour Party*), na França principalmente a Frente Popular (*Front Populaire*) – usavam uma linguagem agressiva no combate aos nazistas. Mas se opunham a qualquer medida que representasse uma melhoria do armamento de seu próprio país; viam qualquer tentativa de expandir as forças armadas como uma manifestação fascista. Confiavam no Exército soviético, de cuja força, capacidade superior e invencibilidade estavam convencidos. Para conquistar a simpatia de Stalin, diziam eles, era necessário adotar uma política interna que fosse favorável ao comunismo.

Os anticomunistas – os conservadores ingleses e a "direita" francesa – viam em Hitler o Siegfried que haveria de destruir o dragão comunista. Consequentemente, tinham certa simpatia pelo nazismo. Diziam tratar-se de uma mentira propalada pelos judeus a afirmativa de que Hitler estava planejando aniquilar a França e o Império Britânico e que pretendia dominar completamente a Europa.

O resultado dessa política foi fazer com que a Inglaterra e a França entrassem na guerra sem estarem preparadas. Mas ainda assim havia tempo para se preparar. Os oito meses decorridos entre a eclosão da guerra e a ofensiva alemã de maio de 1940 teriam sido suficientes para equipar as forças aliadas, dando-lhes condições de defender, com êxito, a fronteira leste da França. Elas podiam e deviam ter usado a capacidade de produção de suas indústrias. Que não o tenham feito não é culpa do capitalismo.

Uma das lendas anticapitalistas mais populares quer nos fazer crer que a indústria de armamento foi a grande responsável pelo ressurgimento do espírito bélico. O imperialismo e a guerra total seriam, supostamente, fruto da propaganda de guerra levada a efeito por escritores contratados pelos fabricantes de armas. A Primeira Guerra Mundial teria começado porque as empresas Krupp, Schneider-Creuzot, Du Pont e J. P. Morgan queriam obter grandes lucros. Para que tal catástrofe não ocorresse de novo, acreditavam ser necessário impedir que a indústria de armamentos tivesse lucros.

Foi com base nesse raciocínio que o governo de Léon Blum (1872-1950)[1] estatizou a indústria bélica francesa.

[1] Léon Blum foi o líder socialista francês que, em 1936, conseguiu formar a coalizão dos socialistas, dos socialistas radicais e dos comunistas na chamada Frente Popular (*Front Populaire*). (N. O.)
O autor se refere à política de nacionalização das indústrias bélicas francesas, ocorrida quando Léon Blum ocupou pela primeira vez o cargo de primeiro ministro, entre 4 de junho de 1936 e 22 de junho de 1937. O líder socialista ocuparia novamente este cargo, por uma segunda vez, entre 13 de março e 10 de abril de 1938, bem como, por uma terceira vez, entre 16 de dezembro de 1946 e 22 de janeiro de 1947. (N. E.)

Quando a guerra estourou e tornou-se imperativo colocar a capacidade de produção da indústria francesa a serviço do esforço de rearmamento, as autoridades francesas ainda consideravam que seria mais importante impedir a existência de lucros decorrentes da guerra do que ganhar a guerra. De setembro de 1939 até junho de 1940 a França, na realidade, em vez de lutar a guerra contra os nazistas achava-se empenhada apenas em lutar uma guerra contra os lucros da guerra. Não se pode negar que, pelo menos nesse particular, foram bem-sucedidos.

Na Inglaterra, também, o governo estava mais preocupado em impedir os lucros decorrentes de uma guerra do que em equipar da melhor maneira possível as forças armadas. Como exemplo pode ser mencionado o estabelecimento de uma taxa de 100% sobre os lucros auferidos em virtude da guerra. Ainda mais desastroso para os Aliados foi o fato de os Estados Unidos também terem adotado medidas para impedir os lucros de guerra e anunciado a disposição de adotar medidas ainda mais fortes nesse sentido. Foi por essa razão que a contribuição da indústria americana para ajudar a Inglaterra e a França foi muito menor do que poderia ter sido.

A mentalidade anticapitalista proclama: "A questão essencial é exatamente essa: fazer negócios propiciados pela guerra é impatriótico. Enquanto nós somos obrigados a deixar nossas famílias, nosso emprego e arriscamos a nossa vida na frente de batalha, os capitalistas querem manter os seus lucros obtidos com a guerra. Deviam ser forçados a trabalhar desinteressadamente pelo seu país, da mesma maneira que somos obrigados a lutar por ele". Esses argumentos colocam o problema na esfera da ética. Mas a questão não é de natureza ética, e sim de conveniência.

Quem detestar a guerra por razões morais e considerar que mutilar e matar pessoas são atos desumanos, devia esforçar-se por substituir ideologias que conduzem à guerra por ideologias que proporcionem uma paz duradoura. Entretanto, se uma nação pacífica for atacada e tiver de se defender, só uma coisa importa: a defesa deve ser organizada da forma mais rápida e mais eficiente possível; os soldados devem ser equipados com as melhores armas. Isso só pode ser conseguido se o funcionamento da economia de mercado não for obstruído. Foi a indústria de armamentos privada, com seus grandes lucros, a que equipou e abasteceu tão bem os exércitos para que eles se tornassem vitoriosos. Foi a experiência real, no século XIX, em combates travados utilizando-se armamentos ineficientes fabricados pelo Estado, que levou os governos a fecharem a maior parte das fábricas estatais de armamentos. Em nenhum outro momento a eficiência e a capacidade produtiva dos empresários pôde ser tão bem provada quanto durante a Primeira Guerra Mundial. Só a inveja e o ressentimento irracional podem levar as pessoas a condenar o lucro dos empresários cuja eficiência possibilitou a vitória na guerra.

Quando as nações capitalistas, em tempos de guerra, deixam de utilizar a superioridade industrial que seu sistema econômico lhes proporciona, sua capacidade de resistir e suas chances de vitória ficam consideravelmente reduzidas. Que algumas consequências da guerra sejam consideradas injustas é perfeitamente compreensível. O fato de empresários enriquecerem com a produção de armas é apenas uma das situações insatisfatórias e injustas decorrentes da guerra. Mas também é "injusto" que os soldados arrisquem sua vida e sua saúde e venham a morrer no campo de batalha, desconhecidos e sem o devido reconhecimento, enquanto os generais e oficiais superiores, protegidos e sem correr riscos, recolhem a glória e impulsionam suas carreiras. Exigir a eliminação dos lucros de guerra é tão pouco razoável quanto exigir que os generais e seu Estado-maior, os cirurgiões e as pessoas que trabalham no esforço de guerra fora do teatro de operações tenham que executar suas tarefas nas mesmas condições de perigo e dificuldade a que estão expostos os soldados na frente de batalha. Não é aos lucros empresariais decorrentes da guerra que devemos fazer objeção. É à guerra em si que devemos objetar.

Essas opiniões sobre os lucros de guerra evidenciam a existência de inúmeros equívocos sobre a natureza da economia de mercado. Todas as empresas que em tempos de paz já estavam aparelhadas para produzir armas ou outros suprimentos bélicos passam, a partir do primeiro dia de guerra, a trabalhar para atender às encomendas do governo. Mas mesmo à plena capacidade, essas fábricas só têm condições de produzir uma pequena parte das necessidades de guerra. Torna-se necessário, portanto, transformar fábricas que antes não estavam aparelhadas para produzir armamentos em fábricas de material bélico, e até mesmo de construir novas fábricas para esse propósito. Ambas as hipóteses implicam novos investimentos. O retorno desses investimentos depende não apenas das primeiras encomendas feitas pelo governo, mas também das encomendas que serão feitas ao longo da guerra. Se a guerra acabar sem que esses investimentos tenham sido inteiramente depreciados, seus proprietários terão prejuízos, e não lucros. O argumento em favor de uma indústria de armamentos sem lucro não leva em consideração o fato de que as empresas que terão que investir para se capacitar a produzir os novos produtos agora encomendados terão que obter o capital necessário nos bancos ou no mercado de capitais. É impossível levantar capital para investir numa atividade que não tenha possibilidade de lucro, só de perda. Como poderia um empresário consciencioso persuadir um banqueiro ou um capitalista a lhe emprestar dinheiro se não há possibilidade de retorno do investimento? Na economia de mercado, onde o devedor tem a responsabilidade pelo pagamento do empréstimo, não há espaço para transações que não compensem o risco de perdas com a possibilidade de ganhos. É somente devido à expectativa de lucro que um empresário pode se comprometer a pagar juros e devolver o principal. Ao eliminar a esperança de lucro torna-se impossível o funcionamento da atividade empresarial.

O que se está exigindo do empresariado é o seguinte: abandonem as linhas de produção em que vocês até agora trabalharam com sucesso. Esqueçam a perda de clientes habituais e a depreciação do equipamento que ficar ocioso. Invistam capital num setor que não lhes é inteiramente familiar. Mas não se esqueçam de que só pagaremos preços que não lhes possibilitarão um retorno do capital adicional no curto prazo. Se ainda assim vocês tiverem lucro, eles serão taxados com uma alíquota de 100%. Além disso, vocês serão publicamente apontados como os "mercadores da morte".

Também na guerra, tem-se de escolher entre economia de mercado e socialismo. A terceira alternativa, o intervencionismo, em tempo de guerra, nem chega a ser possível. Ao eclodir a guerra atual, pode ter sido cogitada a estatização de toda a atividade industrial; mas isso, sem dúvida, resultaria num completo desastre. Se, entretanto, preferirmos manter funcionando a economia de mercado, devemos também aceitar todas as suas implicações. Se a solução de mercado tivesse sido adotada a tempo, a ofensiva de Hitler teria sido detida na fronteira leste da França. A derrota da França e a destruição das cidades inglesas foi o primeiro preço pago em consequência das medidas intervencionistas impedindo a existência de lucros de guerra.

Enquanto a guerra estivesse em curso, não se deveria discutir a possibilidade de implementação de medidas contra os lucros de guerra. Depois de ganha a guerra, e de ser estabelecida uma nova ordem mundial, na qual não tivéssemos que temer uma nova agressão, ainda haveria bastante tempo para confiscar os lucros de guerra. De qualquer forma, enquanto a guerra não terminar e os investimentos não estiverem depreciados, não é possível averiguar se uma empresa teve ou não lucros em virtude da guerra.

Capítulo

7

1 - As Consequências Econômicas

O intervencionismo não é um sistema econômico; isto é, não é um método que habilite as pessoas a atingir os seus objetivos. É apenas um conjunto de procedimentos que perturba e, eventualmente, destrói a economia de mercado. Obstrui a produção e diminui a satisfação de necessidades. Não faz com que as pessoas fiquem mais ricas – faz com que fiquem mais pobres.

Sem dúvida, medidas intervencionistas são vantajosas para certos indivíduos ou para grupos de indivíduos, mas à custa de todos os outros. Minorias podem conseguir privilégios que as beneficiem à custa de seus concidadãos. A maioria, a nação como um todo, só tem a perder com o intervencionismo.

As Consequências Econômicas, Sociais e Políticas do Intervencionismo

Vejamos o caso das tarifas. É muito fácil conceder privilégios a um grupo de produtores, digamos, os proprietários das minas de cobre; os consumidores serão prejudicados e os que operam a mina serão beneficiados. Mas se a todos os tipos de trabalho for concedida uma idêntica proteção tarifária, todos perderão como consumidores o que estão ganhando como produtores. Pior ainda: todos sofrem, porque a proteção desloca a produção de seu curso natural, mais vantajoso, diminuindo assim a produtividade do capital e da mão de obra e, portanto, aumentando os custos de produção. Uma tarifa que proteja alguns poucos produtos pode atender ao interesse de certos grupos; um sistema de tarifas abrangendo todos os produtos só pode resultar numa diminuição geral do nível de satisfação.

Não obstante, essas medidas restritivas são comparativamente menos danosas. Reduzem a produtividade e empobrecem o povo, mas, ainda assim, permitem que o processo produtivo não seja interrompido.

O mercado tem como se ajustar a medidas isoladas. A situação é diferente no caso de serem estabelecidas medidas com o propósito de tabelar preços, salários e juros por valores diferentes daqueles que teriam se o mercado não estivesse sendo obstruído.

Se forem medidas com o objetivo de eliminar os lucros, a economia de mercado será paralisada. Não apenas desviariam a produção dos caminhos que conduzem a uma maior, melhor e mais eficiente satisfação dos desejos dos consumidores; além disso, causariam dispêndio de capital e mão de obra e criariam uma situação de permanente desemprego em massa. Podem até, num primeiro momento, dar origem a uma expansão artificial da economia, mas trazem na sua esteira uma inevitável depressão. A economia de mercado vira um caos.

A opinião pública atribui todos esses males à economia de mercado. Para remediar os indesejáveis efeitos do intervencionismo, clamam por uma intervenção ainda maior. Culpam o capitalismo pelos efeitos das políticas anticapitalistas adotadas pelo governo.

O caso dos monopólios é particularmente significativo. É possível, e até mesmo provável, que numa economia de mercado que não seja obstruída pela intervenção governamental venham a ocorrer situações que possibilitem, ainda que temporariamente, o exercício de preços monopolísticos. Pode-se admitir como provável, por exemplo, que mesmo numa economia de livre mercado venha a se formar um monopólio internacional do mercúrio, ou que existam monopólios locais de alguns materiais de construção e de combustíveis. Mas esses casos isolados de ocorrência de preços monopolistas não seriam suficientes para criar algo que se devesse qualificar como o "problema do monopólio". Todos os monopólios nacionais e – com poucas exceções – todos os monopólios internacionais devem a sua existência à legislação tarifária. Se os governos realmente quisessem acabar com os monopólios, bastaria usar os meios que têm à sua disposição – bastaria eliminar todas as barreiras tarifárias. Se fizessem apenas isso, o "problema do monopólio" perderia a sua importância. Na verdade, os governos não estão interessados em acabar com os monopólios; ao contrário, são eles que criam as condições que permitem aos produtores exercer preços monopolistas.

Digamos, por exemplo, que as fábricas de determinado país, trabalhando a plena capacidade, produzam a quantidade *m* de um bem e que o consumo doméstico ao preço de mercado internacional *p* mais a tarifa *d* (portanto ao preço *p* mais *d*) seja a quantidade *n*, sendo *n* maior do que a quantidade *m*. Nessas condições, a tarifa permite aos produtores nacionais obterem pelos seus produtos um preço acima do preço internacional[1]. A proteção tarifária é uma medida que funciona, ela atinge o seu objetivo. É o caso, por exemplo, dos produtores de trigo nos países europeus mais industrializados. Se, entretanto, a quantidade *m* (capacidade de produção) for maior do que o consumo doméstico a preços internacionais, a tarifa não representará vantagem para os produtores nacionais. Por isso, uma tarifa de importação sobre o trigo ou o

---

[1] Por questão de simplicidade não estamos considerando os custos de transporte. Mas não haveria nenhuma dificuldade de incluí-los nesse raciocínio.

aço nos Estados Unidos não conseguiria afetar os preços; não poderia, por si só, fazer com que a produção doméstica de trigo e aço pudessem ser vendidas por preços mais elevados.

Se os produtores nacionais quisessem obter vantagens da proteção tarifária mesmo quando *m* é maior do que o consumo doméstico a preços internacionais, teriam de formar um cartel, um oligopólio ou alguma outra forma de ação coordenada e, de comum acordo, reduzir a produção. Teriam então condições (desde que a forma da curva da demanda assim o permitisse) de forçar o consumidor a pagar preços monopolísticos, que são maiores do que os preços internacionais e menores do que os preços internacionais acrescidos da tarifa de importação. Aquilo que no primeiro caso é conseguido imediatamente pela simples existência da proteção tarifária, no segundo caso precisa ser complementado pelo conluio monopolista que a proteção tarifária torna possível.

Os cartéis internacionais, na sua maior parte, devem a sua existência ao fato de que a totalidade do mercado mundial foi fracionada em diversas áreas econômicas sujeitas à proteção tarifária e a outras medidas do mesmo tipo. A insinceridade da postura dos governos em relação à questão do monopólio fica ainda mais evidente pelos seus esforços em criar monopólios mundiais, mesmo quando a formação do monopólio requer a adoção de medidas especiais que vão muito além da simples proteção tarifária. A história econômica da última década mostra que inúmeros governos tentaram – embora não o tenham conseguido – criar monopólios mundiais para açúcar, borracha, café, estanho e outras mercadorias.

Na mesma medida em que ajuda o governo a atingir seus objetivos, o intervencionismo também provoca aumento de preços e escassez de bens. Não há como escapar dessas consequências; mais provável é que surjam efeitos que o próprio governo considere menos desejáveis que a situação que pretendia modificar. Para evitar o caos a que o intervencionismo conduz, só existem duas possibilidades: a volta ao mercado não obstruído ou a implantação do socialismo.

A economia de mercado não obstruída não é um sistema que seja recomendável por ser do interesse dos empresários e dos capitalistas. O que justifica a economia de mercado não são os interesses de alguns grupos, mas sim a preocupação de proporcionar o maior bem-estar para o maior número. Não é verdade que os que apoiam o regime de economia de mercado livre sejam defensores dos interesses egoístas dos ricos. Os interesses específicos dos empresários e dos capitalistas os levam a solicitar a intervenção para que não tenham que competir com produtores mais eficientes e mais ativos. A economia de mercado é recomendável não porque seja do interesse dos ricos, mas por ser mais conveniente para o povo em geral.

2 - Governo Parlamentar e Intervencionismo

Governo pelo povo baseia-se na ideia de que todos os cidadãos têm interesses em comum. Os autores das Constituições modernas tinham consciência de que, no curto prazo, os interesses particulares de alguns grupos poderiam conflitar com os da imensa maioria. Mas tinham plena confiança na inteligência de seus concidadãos. Tinham certeza de que todos seriam suficientemente sensatos para perceber que os interesses específicos de um grupo deviam se subordinar ao interesse e ao bem-estar da maioria. Estavam convencidos de que nenhum grupo pretenderia que privilégios pudessem ser mantidos a longo prazo. Um privilégio só tem valor se beneficiar apenas uma minoria; se for estendido a todos, perde o valor. Um privilégio que seja concedido a todos os cidadãos deixa de ser um privilégio; ninguém ganha e todos são prejudicados.

Governo pelo povo, portanto, só pode existir onde prevalecer a economia de mercado, porque numa economia de mercado só o interesse dos cidadãos, enquanto consumidores, é levado em consideração. A nenhum produtor pode ser concedido um privilégio para que o consumidor não seja prejudicado. Ninguém sai penalizado quando a satisfação dos consumidores é o principal parâmetro a ser considerado nas decisões econômicas; o que os produtores deixam de ganhar como produtores, por não terem privilégios, ganham como consumidores.

Qualquer avanço tecnológico, num primeiro momento, contraria os interesses já estabelecidos dos empresários, capitalistas, proprietários e trabalhadores. Mas se, para evitar tais contrariedades forem adotadas medidas que impeçam o desenvolvimento de novas técnicas, em longo prazo todos sairiam prejudicados, incluídos aqueles a quem supostamente se queria beneficiar. O automóvel e o avião tiraram passageiros das estradas de ferro, o rádio afetou a indústria gráfica, o cinema tirou público do teatro. Deveríamos ter proibido que carros e aviões, programas de rádio, filmes fossem produzidos para proteger os interesses dos empresários, capitalistas e trabalhadores que se sentiram prejudicados? A grande façanha do velho liberalismo foi abolir os privilégios das guildas, abrindo caminho para a indústria moderna. Se a população mundial hoje é muito maior do que há 200 anos e se todo trabalhador nos países ocidentais vive hoje muito melhor do que os seus ancestrais, em alguns aspectos melhor mesmo do que Luiz XIV no seu palácio de Versalhes, isso se deve exclusivamente à liberdade que foi concedida às forças produtivas.

A ideia subjacente no sistema de governo representativo é que os membros do parlamento devem representar a nação como um todo, e não um condado específico ou os interesses particulares de seus eleitores. Os partidos políticos podem ter uma opinião diferente sobre quais políticas seriam mais adequadas ao país em determinado momento, mas não deveriam representar os interesses exclusivos de certos distritos ou de certos grupos de pressão.

Os parlamentares das nações de hoje em dia, com a disseminação do intervencionismo, se afastaram muito desse velho ideal. Seus membros representam os interesses dos produtores de prata, algodão, aço, dos agricultores, dos trabalhadores. O legislador já não acha que o seu dever seja o de representar a nação como um todo.

A democracia parlamentar que Adolf Hitler destruiu na Alemanha e na França já não funcionava por estar inteiramente infestada com o espírito intervencionista. Um sem número de pequenos partidos cuidava exclusivamente de interesses locais ou profissionais. Qualquer projeto de lei ou qualquer proposta do executivo era avaliada por um único aspecto: que vantagens pode trazer para os meus eleitores e para os grupos de pressão de que dependo? Os representantes de uma região produtora de vinhos examinavam qualquer proposta pelo ângulo dos produtores de vinho. Uma questão de defesa nacional só poderia ser aprovada por um representante trabalhista se resultasse num fortalecimento dos sindicatos. O líder do *Front Populaire* na França defendia uma maior cooperação com a Rússia, enquanto a direita propunha uma aliança com a Itália. Nenhum desses dois blocos estava propriamente preocupado com o bem-estar e a independência da França; em cada caso viam apenas a sua relação com, e os seus efeitos sobre, os interesses de grupos específicos. O intervencionismo transformou o regime parlamentar num governo de lobistas. Isso não significa que a democracia e o parlamentarismo tenham falhado – o intervencionismo torna impossível o funcionamento da economia de mercado e de um governo parlamentar.

O fracasso do parlamentarismo ficou ainda mais evidente pelo artificialismo da delegação de autoridade. O Parlamento, voluntariamente, renuncia ao seu poder de legislar e o delega ao executivo. Adolf Hitler, Benito Mussolini e o marechal Henri Phillipe Pétain (1856-1951)[2] governam por

---

[2] Henri Phillipe Pétain, herói da Primeira Guerra Mundial, que era vice-primeiro-ministro quando em 1940 a Alemanha derrotou e ocupou metade da França, tornou-se o "chefe de Estado", de inspiração fascista, da parte não ocupada do país, estabelecendo a sua capital em Vichy. Depois da guerra foi julgado e condenado por ter colaborado com os nazistas. (N. O.)

meio dessas "delegações de poder". A ditadura, dessa forma, mantém uma aparência de legalidade, por sua ligação formal com as instituições democráticas. Abole a democracia, mas mantém a sua terminologia, da mesma forma que o sistema socialista alemão aboliu a propriedade privada, mas continuou a usar o seu vocabulário. Os tiranos das cidades da antiga Grécia e os césares romanos também preservaram a fraseologia da República.

No estágio atual, com o desenvolvimento dos meios de comunicação e de transporte, a delegação de poderes é inteiramente injustificável. Mesmo num país com a extensão dos Estados Unidos, todos os congressistas podem ser reunidos na capital em 24 horas. Também seria possível manter o Congresso em sessão permanente. Quando necessário, para manter o sigilo das deliberações, podiam ser realizadas sessões secretas.

Frequentemente se ouve dizer que as instituições democráticas são apenas um disfarce da "ditadura do capital". Os marxistas usam esse *slogan* há muito tempo. Georges Sorel e os sindicalistas o repetiam. Hoje, Hitler e Mussolini conclamam as nações a se rebelar contra a "plutodemocracia". Em resposta, é suficiente que se mencione que na Inglaterra, nos Domínios Britânicos e nos Estados Unidos as eleições são completamente livres. Franklin Delano Roosevelt (1882-1945) foi eleito presidente pela maioria dos eleitores. Nenhum cidadão norte-americano foi forçado a votar nele. Ninguém foi impedido de se manifestar contra a reeleição de Roosevelt. Os cidadãos dos Estados Unidos tiveram liberdade para escolher, e escolheram.

3 - A Liberdade e o Sistema Econômico

O principal argumento contra a proposta de instituir um regime socialista é o de que no sistema socialista não há espaço para a liberdade individual. Socialismo, argumenta-se, é o mesmo que escravidão. Não há como negar a veracidade desse argumento. Onde o governo controla todos os meios de produção, onde o governo é o único empregador e tem o direito de decidir que treinamento as pessoas deverão receber, onde e como deverão trabalhar, o indivíduo não é livre. Tem o dever de obedecer e não tem direitos.

Os defensores do socialismo nunca conseguiram apresentar uma verdadeira refutação a esse argumento. Retrucam dizendo apenas que na economia de mercado dos países democráticos só há liberdade para os ricos e não para os pobres, e que por uma liberdade desse tipo não valeria a pena renunciar às supostas vantagens do socialismo.

Para analisar essas questões devemos, em primeiro lugar, entender o verdadeiro significado da palavra liberdade. Liberdade é um conceito sociológico. Não há, na natureza ou em relação à natureza, nada a que se possa aplicar esse termo. Liberdade é a oportunidade concedida ao indivíduo pelo sistema social para que ele possa modelar sua vida segundo sua própria vontade. Que as pessoas tenham que trabalhar para poder sobreviver é uma lei da natureza; nenhum sistema social pode alterar esse fato. Que o rico possa viver sem trabalhar não diminui a liberdade dos que não estão nessa posição afortunada. A riqueza, numa economia de mercado, representa a recompensa concedida pela sociedade, como um todo, pelos serviços prestados aos consumidores no passado, e só pode ser preservada se continuar a ser utilizada no interesse dos consumidores. Que a economia de mercado recompense aquele que for capaz de bem servir os consumidores não lhes causa nenhum dano, só os beneficia. Nada, nesse processo, é tirado do trabalhador, e muito lhe é proporcionado pelo aumento da produtividade do trabalho. A liberdade do trabalhador que não tem propriedades consiste no seu direito de escolher o local e o tipo de seu trabalho. Ele não está sujeito ao arbítrio de um senhor de quem seja o vassalo. Ele vende os seus serviços no mercado. Se um empresário se recusa a lhe pagar o salário de mercado, ele encontrará outro empregador disposto a, no seu próprio (do empregador) interesse, lhe pagar o salário de mercado. O trabalhador não deve subserviência e obediência ao seu empregador; deve lhe prestar serviços; não recebe o seu salário como um favor, e sim como uma recompensa de que é merecedor.

O pobre também tem a possibilidade, numa sociedade capitalista, de se fazer pelo seu próprio esforço. Isso se aplica não somente nas atividades comerciais. A maioria das pessoas que hoje ocupa posição de destaque nas profissões liberais, nas artes, na ciência e na política começou a carreira na pobreza. Entre os líderes e os vencedores, muitos são originários de famílias pobres. Quem quiser ser bem-sucedido, qualquer que seja o sistema social, terá que vencer a apatia, o preconceito e a ignorância. Não se pode negar que o capitalismo oferece essa oportunidade.

Existem casos em que grandes talentos não tiveram o reconhecimento de seus contemporâneos. Grandes mestres da pintura moderna francesa tiveram muita dificuldade para vender seus quadros. Alguém acha que um governo socialista teria mais compreensão por uma manifestação artística que, na visão tradicional, seria considerada como meros rabiscos? O grande compositor Hugo Wolf (1860-1903)[3] considerava uma vergonha o Estado não zelar pelos artistas de seu país. Mas o infortúnio de Hugo Wolf foi não ter tido o seu talento reconhecido pelos artistas, críticos e amantes da arte de seu tempo; um governo socialista teria que se basear no julgamento de conhecedores de música indicados peto Estado e estes, certamente, não dariam maior reconhecimento a uma pessoa tão desequilibrada, irritadiça e antissocial. Quando Sigmund Freud (1856-1939)[4] apresentou suas teorias, os doutores e os psicólogos, ou seja, as autoridades em cujo conhecimento o governo teria que se basear, acharam-nas ridículas e o tacharam de maluco.

Numa sociedade capitalista, o gênio pelo menos tem a possibilidade de continuar com o seu trabalho.

Os grandes pintores franceses tiveram liberdade para pintar; Hugo Wolf pôde musicar os poemas de Eduard Moerike (1804-1875)[5]; Sigmund Freud teve liberdade para continuar os seus estudos. Não teriam tido condições de produzir se o governo, seguindo a opinião unânime dos especialistas, os tivesse designado para um trabalho que lhes impedisse de realizar o seu destino.

---

[3] Compositor e crítico musical vienense, passou os últimos sete anos de vida num manicômio. (N. O.)

[4] Vienense, criador da psicanálise. (N. O.)

[5] Alemão, ministro protestante e poeta. (N. O.)

Infelizmente, com certa frequência as universidades, por razões políticas, deixam de indicar para o professorado pessoas de inegável saber no seu campo de conhecimento, ou quando indicados não os contratam. Mas devemos acreditar que a universidade estatal de um país socialista contrataria pessoas cujos ensinamentos desagradam ao governo? No regime socialista a atividade editorial também é uma função estatal. O Estado publicaria livros e textos que o contrariassem? Permitiria a montagem de peças teatrais que considerasse não apropriadas?

Quem comparar a situação da ciência, da arte, da literatura, da imprensa e do rádio na Rússia e na Alemanha com a situação dessas atividades na América compreenderá o que significa liberdade e falta de liberdade. Há muita coisa a ser corrigida e melhorada na América, mas ninguém poderá negar que os americanos são mais livres que os russos e os alemães.

Só uma pequena minoria faz uso da liberdade de criação artística e científica, mas todos se beneficiam dela. O progresso é sempre um deslocamento do velho pelo novo; progresso sempre quer dizer mudança. Nenhum planejamento econômico pode planejar o progresso, nenhuma organização pode organizá-lo. É algo que não se submete a limites e controles. A sociedade e o Estado não podem promover o progresso. O capitalismo também não. Mas, e isso é bastante, o capitalismo não coloca barreiras intransponíveis ao progresso. A sociedade socialista ficaria absolutamente rígida por tornar o progresso impossível.

O intervencionismo não tira toda a liberdade dos cidadãos. Mas cada uma de suas medidas diminui um pouco a liberdade e restringe a atividade econômica.

Vejamos, por exemplo, o controle de câmbio. Quanto menor o país, mais importante o papel representado por suas transações externas. Se a aquisição de livros e publicações estrangeiras, as viagens ao exterior ou cursar uma universidade fora do país ficam condicionadas a que o governo autorize a venda de moeda estrangeira, toda a vida intelectual do país fica subordinada ao governo. Nesse particular, o controle de câmbio não é diferente do sistema despótico adotado pelo príncipe Klemens W. N. L. von Metternich (1773-1859)[6]. A única diferença é que Metternich fazia abertamente, e o controle de câmbio o faz disfarçadamente.

4 - A Grande Ilusão

É inegável que, nos dias de hoje, ditadura, intervencionismo e socialismo são extremamente populares. Nenhum argumento lógico consegue enfraquecer essa popularidade. O fanatismo impede que os ensinamentos da teoria econômica sejam escutados, a teimosia impossibilita qualquer mudança de opinião e a experiência não serve de base a nada.

Para compreender as raízes dessa rigidez devemos lembrar que as pessoas sofrem porque as coisas nem sempre se passam da maneira que elas gostariam. O homem nasce como um ser egoísta, não sociável, e só com a vida aprende que sua vontade não é a única nesse mundo e que existem

---

[6] Nobre e político austríaco, recorreu à censura, à espionagem e à repressão para controlar uma boa parte da Europa. (N. O.)

outras pessoas que também têm suas vontades. A vida e a experiência irão ensinar-lhe que para realizar os seus planos terá que encontrar o seu lugar na sociedade, terá que aceitar as vontades e os desejos de outras pessoas como um fato e que terá que se ajustar a esses fatos, se quiser chegar a algum lugar. A sociedade não é o que o indivíduo gostaria que fosse. Qualquer indivíduo tem sobre seus conterrâneos uma opinião menos favorável do que a que tem sobre si mesmo. Julga-se com direito a ter um lugar na sociedade melhor do que o que efetivamente tem. A cada dia o presunçoso – e quem está inteiramente livre da presunção? – tem novos desapontamentos. Cada dia lhe ensina que existem outras vontades além da sua.

O neurótico tenta se proteger desses desapontamentos sonhando acordado. Sonha com um mundo no qual a sua vontade seja decisiva. Só o que tiver a sua aprovação pode acontecer. Só ele pode dar ordens; os outros obedecem. Na sua fantasia, é um ditador.

Na sua secreta fantasia pensa ser um ditador como César (100 a.C.-44 a.C.), Gêngis Khan (1162-1227) ou Napoleão Bonaparte (1769-1821). Na vida real, quando fala com os seus conterrâneos, tem que ser mais modesto. Contenta-se em apoiar a ditadura de alguma outra pessoa. Mas na sua imaginação o ditador está ali para cumprir a sua (do neurótico) vontade. Um homem que, não tendo percebido os seus limites, proclamasse que ele deveria ser o ditador seria considerado insano pelos seus conterrâneos. Os psiquiatras o qualificariam como um megalomaníaco.

Quem apoia uma ditadura, o faz por achar que o ditador está fazendo o que, em sua opinião, precisa ser feito. Quem é favorável a ditaduras tem sempre em mente a necessidade de dominar todas as vontades, inclusive a sua própria vontade.

Examinemos, por exemplo, o *slogan* "economia planejada", que particularmente nos dias de hoje é um pseudônimo de socialismo. Qualquer coisa que as pessoas façam tem que ser primeiramente concebida e nesse sentido planejada. Mas aqueles que, como Karl Marx, rejeitam a "produção anárquica" e pretendem substituí-la pelo "planejamento" não consideram a vontade e os planos das outras pessoas. Só uma vontade deve prevalecer, só um plano deve ser implementado, qual seja, aquele que tem a aprovação do neurótico, o plano que ele considera correto, o único plano. Qualquer resistência deve ser subjugada, nada que impeça o pobre neurótico de tentar ordenar o mundo segundo seus planos deve ser permitido – todos os meios que façam prevalecer a suprema sabedoria do sonhador devem ser usados.

Essa é a mentalidade das pessoas que, numa exposição das pinturas de Edouard Manet (1832-1883)[7] em Paris, exclamavam: a polícia não devia permitir isso! Essa é a mentalidade das pessoas que constantemente clamam: devia haver uma lei contra isso! E, quer eles o admitam ou não, essa é a mentalidade de todos os intervencionistas, socialistas e defensores das ditaduras. A única coisa que eles odeiam mais do que o capitalismo é o intervencionismo, socialismo ou ditadura que não corresponda à sua vontade. Com que entusiasmo os nazistas

---

[7] Pintor impressionista francês. (N. O.)

e os comunistas lutam entre si! Com que determinação os partidários de Leon Trotsky (1879-1940)[8] combatem os de Josef Stalin ou os seguidores de Gregor Strasser (1892-1934)[9] os de Adolf Hitler.

5 - A Razão do Sucesso de Hitler

Adolf Hitler, Josef Stalin e Benito Mussolini constantemente proclamam que foram escolhidos pelo destino para salvar esse mundo. Alegam ser os líderes de uma juventude criativa que luta contra pessoas mais velhas e ultrapassadas. Trazem do Leste a nova cultura que irá substituir a civilização ocidental. Querem dar o golpe de misericórdia no liberalismo e no capitalismo; querem que o altruísmo supere o egoísmo imoral; pretendem substituir a democracia anárquica pela ordem e pela organização, a sociedade de "classes" pelo Estado totalitário, a economia de mercado pelo socialismo. Sua guerra não é uma guerra de expansão territorial, como as guerras imperialistas que visavam à hegemonia e à pilhagem; é uma guerra santa, uma cruzada por um mundo melhor. E estão certos da vitória porque estão convencidos que representam "a onda do futuro".

É uma lei da natureza, dizem eles, que as grandes mudanças históricas não possam ocorrer pacificamente e sem

---

[8] Comunista russo que se opôs a Stalin e foi exilado. Foi assassinado no México em agosto de 1940. (N. O.)

[9] Partidário de Hitler que depois discordou dele e foi assassinado. (N. O.)

conflito. Só uma mentalidade inferior e simplória, continuam, deixaria de reconhecer a qualidade criativa de seus governos em virtude de algum dissabor que necessariamente advirá da grande revolução mundial. Sustentam que não se deve permitir que uma inadequada piedade pelos judeus e pelos maçons, pelos poloneses e tchecos, finlandeses e gregos, pela decadente aristocracia inglesa e pela corrupta burguesia francesa possa ofuscar a glória do novo evangelho. Essa fraqueza e essa falta de visão para com os novos padrões de moralidade revelam apenas a decadência da pseudocultura capitalista. As lamúrias e o choro de velhos impotentes, dizem ainda eles, são inúteis; não conseguirão deter o avanço vitorioso da juventude. Ninguém pode parar a roda da história ou fazer voltar atrás o relógio do tempo.

O sucesso dessa propaganda é inquestionável. As pessoas não levam em consideração o conteúdo do suposto novo evangelho, o fato de ser novo é o bastante para ser aprovado. Assim como as mulheres recebem com agrado uma nova moda só para usar roupas diferentes, também a nova moda na política e na economia é recebida com satisfação. As pessoas, para não parecer antiquadas e reacionárias, se apressam em trocar suas "velhas" ideias por outras mais "novas". Juntam-se ao coro dos que censuram os defeitos do capitalismo e elogiam com indisfarçável entusiasmo as realizações dos autocratas. Nada, hoje em dia, está mais na moda do que maldizer a civilização ocidental.

Essa mentalidade facilitou as vitórias de Hitler. Os tchecos e os dinamarqueses capitularam sem lutar. Os noruegueses cederam grande parte de seu território ao Exército alemão. Os holandeses e os belgas se entregaram com apenas uma pequena resistência. Os franceses tiveram a insolência de celebrar a ocupação de seu país como se fosse um "despertar nacional". Hitler levou cinco anos para efetivar a anexação (*Anschluss*) da Áustria; dois anos e meio depois era o senhor do continente europeu.

Hitler não dispõe de uma arma secreta especial. Não deve sua vitória a um excelente serviço de espionagem, que lhe informa os planos de seus oponentes. Mesmo a tão falada "quinta coluna" não foi assim tão decisiva. Venceu porque os seus supostos adversários já simpatizavam com as ideias que ele defendia.

Só aqueles que, incondicional ou irrestritamente, consideram a economia de mercado como a única forma viável de cooperação social são oponentes dos sistemas totalitários e são capazes de enfrentá-los com êxito. Os que são favoráveis ao socialismo querem implantar em seu país o regime vigente na Rússia e na Alemanha. O intervencionismo é um caminho que inevitavelmente conduz ao socialismo.

Não se pode ser bem-sucedido numa batalha ideológica fazendo constantes concessões aos princípios do inimigo. Aqueles que contestam o capitalismo, porque supostamente seria contrário aos interesses das massas, aqueles que proclamam como um "fato inexorável" a substituição da economia de mercado por um sistema melhor e que, portanto, o governo deveria, desde já, ter o completo controle da atividade econômica, estão na realidade defendendo o totalitarismo. Os "progressistas", que se disfarçam como "liberais", podem arengar contra o "fascismo". São, entretanto, suas políticas que abrem o caminho para o hitlerismo.

Nada poderia ter sido mais útil ao movimento Nacional-Socialista (Nazi) do que a denúncia dos "progressistas" qualificando o nazismo como um partido a serviço dos interesses do "capital". Os trabalhadores alemães já conheciam muito bem essa tática, para que fossem enganados por ela novamente. Na verdade, desde os anos 1870 os sociais-democratas, que eram ostensivamente pró-trabalhador, combateram vigorosamente todas as medidas em favor da classe trabalhadora classificando-as como "burguesas" e prejudiciais aos interesses dos trabalhadores. Os sociais-democratas, consistentemente, votaram contra a estatização das estradas de ferro, a municipalização dos serviços públicos, a legislação trabalhista, o seguro compulsório para acidentes, doenças e velhice, o sistema de previdência social alemão que viria a ser adotado depois em quase todo o mundo. Depois da Primeira Guerra Mundial os comunistas estigmatizaram o partido e os sindicatos socialdemocratas como "traidores da classe trabalhadora". A percepção de que todo partido que os cortejava qualificava os demais partidos como "vassalos do capitalismo" fez com que a adesão e a lealdade dos trabalhadores alemães ao nazismo não fossem abaladas por esse palavreado.

A não ser que queiramos nos abstrair inteiramente da realidade, temos que reconhecer que os trabalhadores alemães são os mais ardorosos defensores do regime de Hitler. O nazismo conquistou sua simpatia ao eliminar o desemprego e reduzir os empresários a uma condição de meros gerentes (*Betriebsführei*). As grandes empresas, os lojistas e os agricultores ficaram desapontados. Mas os trabalhadores estão satisfeitos e apoiarão Hitler, a não ser que a guerra siga um curso que destrua suas esperanças de uma vida melhor depois que a guerra terminar. Só a derrota militar poderá privar Hitler do apoio dos trabalhadores alemães.

O fato de que os capitalistas e os empresários, diante da alternativa entre comunismo ou nazismo, tenham preferido o segundo, não necessita de maiores explicações. Eles preferiram viver como gerentes sob Hitler a ser "liquidados" como "burgueses" por Stalin. Os capitalistas, como qualquer outra pessoa, não gostam de ser mortos.

A crença de que os trabalhadores alemães se opunham a Hitler teve efeitos bastante perniciosos, como se pode constatar pelas táticas empregadas pelos ingleses durante o primeiro ano da guerra. O governo de Neville Chamberlain (1869-1940)[10] acreditava firmemente que a guerra terminaria por uma sublevação dos trabalhadores alemães. Em vez de se concentrar numa vigorosa preparação para a guerra, preferiu que seus aviões lançassem panfletos sobre a Alemanha dizendo aos trabalhadores alemães que a Inglaterra não estava lutando uma guerra contra eles, mas contra o opressor Hitler. O governo inglês acreditava piamente que o povo alemão, particularmente os trabalhadores, era contra a guerra e estava sendo forçado a combatê-la pelo seu ditador.

Os trabalhadores dos países anglo-saxões também sabiam que os partidos que pretendiam conquistar sua simpatia, quando queriam denegrir o partido rival, acusavam-no de ser

---

[10] Neville Chamberlain foi o primeiro-ministro britânico de 1937 até maio de 1940. (N. O.)

a favor do capitalismo. Comunistas de todos os matizes fazem essa acusação aos socialistas. E mesmo entre os próprios comunistas, os trotskistas usam esse argumento contra os stalinistas. E vice-versa. O fato de que os "progressistas" façam essa mesma acusação ao nazismo e ao fascismo não será empecilho para que amanhã os trabalhadores sigam algum outro grupo usando camisas de outra cor.

O erro da civilização ocidental tem sido o de pegar os partidos políticos mais em função de sua novidade e radicalidade do que em função de sua sensatez e de sua capacidade de mostrar como seus objetivos podem ser atingidos. Nem tudo o que existe hoje é razoável, mas isso não significa que o que não existe o seja.

A terminologia usualmente empregada no discurso político é uma rematada tolice. O que significa "esquerda" e o que quer dizer "direita"? Por que Hitler seria "direita" e Stalin, seu amigo temporário, seria "esquerda"[11]? O que significa ser "reacionário"? E "progressista"? Não se devem condenar objeções a políticas insensatas, assim como não se devem enaltecer medidas que estabeleçam o caos. Nada deveria ser aprovado só por ser novo, radical ou por estar na moda. A "ortodoxia" não é um mal, se a doutrina defendida pelos "ortodoxos" é correta e consistente. Quem é contra os trabalhadores: os que querem reduzi-los ao nível existente na Rússia ou os que querem elevá-los aos padrões norte-americanos? Quem são os "nacionalistas"? Os que querem

[11] Quando Mises escreveu este livro em 1940, Hitler e Stalin eram aliados, segundo os termos do Tratado de Não Agressão assinado em agosto de 1939. (N. O.)

submeter sua nação aos nazistas ou os que querem preservar sua independência?

O que teria acontecido com a civilização ocidental se seus povos tivessem sempre revelado essa preferência pelo "novo"? Suponhamos que eles tivessem acolhido como "a onda do futuro" Átila e os seus hunos, Maomé (571-632) e seu credo ou os tártaros? Todos eles também eram totalitários, com uma bagagem de sucessos militares capaz de fazer com que os fracos rapidamente se dispusessem a capitular. A humanidade precisa, antes de mais nada, se libertar da submissão a *slogans* absurdos e voltar a confiar na sensatez da razão.

Capítulo

8

Este livro não lida com a questão de saber se o socialismo – a propriedade pública dos meios de produção, uma economia planejada – é, de alguma forma, superior ao capitalismo ou se o socialismo, como sistema de cooperação social, pode funcionar. Não discute os programas dos partidos que querem substituir o capitalismo, a liberdade e a democracia pelo totalitarismo socialista segundo o modelo alemão ou russo. O autor lidou com essas questões em outro livro[1]. Tampouco essa análise pretende demonstrar que o governo

[1] MISES, Ludwig von. *Socialism: An Economic and Sociological Analysis*. Trad. J. Kahane. London: Jonathan Cape, 1936.
Lançada originalmente em alemão, no ano de 1922, com o título *Die Gemeinwirtschaft: Untersuchungen über den Sozialismus* [*A Economia Coletiva: Estudos sobre o Socialismo*], a obra foi traduzida para o inglês e lançada em 1936 na edição citada acima pelo autor, sendo reeditada

Conclusão

democrático e a liberdade civil devam ser qualificados como algo bom ou mau. Ou se uma ditadura totalitária é, ou não, uma melhor forma de governo.

Essa análise pretende apenas explicar que as políticas intervencionistas, que são apresentadas por seus defensores como políticas socioeconômicas progressistas, se baseiam numa falácia. Este livro procura demonstrar que o intervencionismo não é capaz de gerar um sistema duradouro de organização social. As várias medidas, através das quais o intervencionismo tenta dirigir a atividade comercial, não atingem os objetivos honestamente pretendidos pelos seus defensores. Medidas intervencionistas dão origem a uma situação que, do próprio ponto de

em 1951 pela Yale University Press, em 1969 pela Jonathan Cape, em 1981 e 1992 pelo Liberty Fund, e em 2007 pelo Ludwig von Mises Institute. Em uma tradução direta do alemão, cotejada com a versão em inglês, a obra será publicada em língua portuguesa pela LVM Editora como parte da Coleção von Mises. (N. E.)

vista daqueles que as recomendam, é menos desejável do que a situação que eles queriam modificar. Criam desemprego, depressão e monopólios. Tornam umas poucas pessoas mais ricas e empobrecem a maioria. Se o governo não desistir de implementá-las, se teimosamente insistir em corrigir as consequências indesejadas das intervenções anteriores com mais intervenções, acabará finalmente percebendo que adotou um regime socialista.

Além disso, é um erro trágico supor que democracia e liberdade são compatíveis com intervencionismo ou com socialismo. O que as pessoas chamam de governo democrático, direitos civis e liberdade individual só pode existir no contexto de uma economia de mercado. Não é por acaso que, por toda parte, o avanço do intervencionismo fez com que fossem desaparecendo as instituições democráticas e que, nos países socialistas, o despotismo oriental tenha encontrado o cenário ideal para o seu ressurgimento. Não é por mero acaso que, por toda parte, a democracia esteja sendo alvo de ataques, seja pelos partidários do comunismo russo ou do socialismo alemão. O radicalismo da "direita" e o radicalismo da "esquerda" só diferem em detalhes de menor importância; no geral, estão unidos na condenação tanto do capitalismo como da democracia.

A humanidade tem que escolher entre economia de mercado não obstruída, democracia e liberdade de um lado, e socialismo e ditadura do outro. A terceira alternativa, um regime intervencionista, não tem viabilidade prática.

Essa conclusão pode ser entendida como estando em harmonia com alguns dos ensinamentos de Karl Marx e de marxistas ortodoxos. Marx e os marxistas qualificavam como "pequeno-burguesa" a adoção de medidas intervencionistas, e reconheciam o seu caráter contraditório. Marx considerava inútil os sindicatos tentarem obter melhores salários para toda a classe trabalhadora numa sociedade capitalista. E os marxistas ortodoxos sempre repudiaram as propostas de o Estado, direta ou indiretamente, determinar qual deva ser o salário mínimo. Marx defendia a doutrina de que a "ditadura do proletariado" era necessária para preparar o caminho para o socialismo, a "fase superior da sociedade comunista". Durante os muitos séculos do período de transição não haveria espaço para a democracia. Consequentemente, Lenin estava absolutamente certo ao invocar Marx para justificar o seu regime de terror. Quanto ao que aconteceria quando o socialismo fosse finalmente alcançado, Marx disse apenas que o Estado desapareceria.

As vitórias que Vladmir Lenin, Benito Mussolini e Adolf Hitler obtiveram não foram derrotas do capitalismo, mas a consequência inescapável de políticas intervencionistas. Lenin derrotou o intervencionismo de Aleksandr Kerensky (1881-1970)[2]. Mussolini obteve sua vitória sobre o sindicalismo italiano, que havia culminado com a usurpação de fábricas. Hitler triunfou sobre o intervencionismo da República de Weimar. Francisco Franco (1892-1975)[3] derrotou o

---

[2] Político russo que foi o líder do governo na Rússia após a revolução de março de 1917 que depôs o tzar. Escapou da Rússia quando sua facção foi derrotada pelos bolcheviques, na revolução de outubro de 1917. (N. O.)

[3] General espanhol que assumiu o poder em 1939 com a conclusão da Guerra Civil Espanhola. (N. O.)

sindicalismo anárquico vigente na Espanha e na Catalunha. Na França, houve o colapso do governo do *Front Populaire* seguido da ditadura do marechal Pétain. Uma vez que se adote o regime intervencionista, essa é a consequência lógica. O intervencionismo resultará sempre nisso.

Se alguma coisa a história pode nos ensinar é que nenhuma nação jamais conseguiu criar uma civilização superior sem a propriedade privada dos meios de produção, e a democracia só pode ser encontrada onde prevalecer a propriedade privada dos meios de produção.

Se ocorrer de a nossa civilização desaparecer, não terá sido por estar condenada a esse trágico desfecho, mas porque as pessoas se recusam a aprender com a teoria e com a história. Não é o destino que determina o futuro da sociedade humana, mas o próprio homem. O declínio da civilização ocidental não é uma manifestação da vontade divina, algo que não possa ser evitado. Se ocorrer, terá sido o resultado de uma política que ainda pode ser abandonada e substituída por outra melhor.

POSFÁCIO À 3ª EDIÇÃO BRASILEIRA

O século XX foi marcado pelo significativo crescimento do Estado e de sua influência. Dada a crescente importância da interferência estatal nas atividades econômicas, seria natural que a Economia desenvolvesse uma teoria sobre o intervencionismo visto como um sistema econômico. Mas, surpreendentemente, apenas na tradição austríaca, como veremos neste artigo, podemos encontrar um esforço moderno voltado para o desenvolvimento de tal teoria.

O que explica o relativo silêncio sobre o tema? Embora o marxismo tenha sido abandonado há mais de um século no que diz respeito à teoria econômica pura, certas categorias marxistas ainda pautam o pensamento da maioria sobre a análise de sistemas econômicos

A Teoria Austríaca do Intervencionismo

Fabio Barbieri

comparados, de modo que as únicas alternativas discutidas são ainda o capitalismo e o socialismo.

Antes de Karl Marx (1818-1883), no entanto, os economistas clássicos desenvolveram uma abordagem institucionalista que contemplava o intervencionismo como um sistema econômico próprio: a prosperidade das nações em Adam Smith (1723-1790) é explicada, em última análise, em termos dos efeitos de diferentes conjuntos de instituições. Em particular, Smith argumentou pela superioridade do "sistema de liberdades naturais" em comparação ao sistema mercantilista, sendo este último, em essência, o sistema intervencionista. A tradição institucionalista smithiana teve seguidores, em especial entre os liberais franceses, que desenvolveram a tradição de crítica ao mercantilismo. Essa tradição, porém, perdeu força com o advento da ortodoxia ricardiana, com seu foco analítico agregado e propício ao desenvolvimento do formalismo, até desaparecer por completo em Marx.

O referencial analítico marxista, por sua vez, barrou a percepção do intervencionismo como um sistema econômico. Como notou David Osterfeld (1949-1993)[1], Marx não considera o mercantilismo como um dos modos de produção, mas como uma fase transitória em direção ao capitalismo. A causa disso é derivada da crença de que tanto os mercados quanto os Estados são formas complementares de um mesmo processo de exploração de classe, o que torna impossível distinguir um capitalismo de livre comércio de um mercantilismo interventor, a despeito das enormes diferenças entre essas duas formas de organização social[2].

Um problema derivado do uso moderno da noção marxista de modos de produção é a identificação automática da realidade com o sistema pretensamente defendido pelo oponente. Entre os autores marxistas, os problemas econômicos reais, como inflação, desemprego ou pobreza, bem como as instituições presentes no mundo moderno são vistos como fenômenos inerentes ao "capitalismo". Isso coloca o crítico da intervenção estatal em uma armadilha retórica análoga à falácia da pergunta complexa: impedido de atribuir os males do mundo a um sistema econômico diverso, o crítico do socialismo é identificado automaticamente como um defensor de um suposto *status quo* capitalista, como se as instituições presentes fossem inevitáveis e não fosse possível o exame comparativo do desempenho de diferentes conjuntos de

---

[1] OSTERFELD, David. "Marxism, Method and Mercantilism". *In*: MALTSEV, Yuri N. (Ed.) *A Requiem for Marx*. Auburn: Ludwig von Mises Institute, 1993. p. 166.

[2] *Ibidem*. p. 110.

instituições. Essa estratégia retórica é tão eficaz que continua sendo usada com novos termos, como "neoliberalismo" e "globalização".

Entre os economistas modernos, a permanência da noção marxista de capitalismo também inibiu o desenvolvimento de uma teoria sobre um sistema econômico alternativo, intervencionista, mais próximo das economias reais. O tipo de "capitalismo" preferido por esses autores, porém, é justamente uma forma de economia mista, um intervencionismo idealizado. Curiosamente, opera no discurso dos defensores desse sistema a mesma estratégia retórica mencionada acima, que compara o mundo real com um ideal abstrato, estratégia essa contrária ao espírito da comparação institucional que informa a crítica clássica ao mercantilismo. Na concepção desses autores, um sistema de capitalismo puro ou livre só seria aceito se a competição real gerasse alocações de equilíbrio eficientes, como na teoria da competição perfeita. Como a realidade sempre fica aquém do ideal, o Estado é chamado a intervir para corrigir as falhas de mercado. O que impede que tal sistema seja visto como uma teoria sobre o intervencionismo é a recusa em comparar as falhas de mercado com as falhas de governo. Aqui, novamente os problemas econômicos concretos são associados à uma suposta economia livre e jamais é associado à intervenção do Estado. A despeito dos trabalhos das escolas da Escolha Pública [*Public Choice*] e Austríaca, a maioria dos economistas ainda trata o Estado e os governos como entidades abstratas, desconsiderando em seus estudos o autointeresse dos agentes públicos e as consequências não intencionais da ação estatal.

A análise contemporânea das intervenções do Estado na economia é marcada desse modo por uma espécie de historicismo: acredita-se que cada intervenção particular deve ser vista como uma ferramenta disponível para o Estado, cuja utilidade deve ser avaliada caso a caso[3]. Não existiriam regularidades no que diz respeito às consequências das intervenções que justificassem uma teoria sobre o intervencionismo.

Essa nova forma de historicismo, que conspira contra a análise do intervencionismo, deve ser combatido com as mesmas armas utilizadas contra o historicismo original: teoria e a história. No plano teórico, a tese da similitude formal entre capitalismo e socialismo[4] argumenta que o problema econômico fundamental – a escolha diante da escassez – está presente em toda forma de organização social. Em outros termos, ao contrário do que pensa Karl Marx e os economistas da Escola Historicista Alemã de Economia, as categorias analíticas desenvolvidas pela teoria econômica não se referem apenas as economias de mercado, sendo válidas em qualquer sociedade. Em particular, a lógica da intervenção é a mesma em qualquer sociedade. No plano histórico, por outro lado, encontramos abundantes exemplos daquelas consequências

---

[3] Abba P. Lerner (1903-1982) fornece exemplo típico dessa postura, em: LERNER, Abba P. *The Economics of Control: Principles of Welfare Economics*. New York: Macmillan, 1944.

[4] Para exposição e análise dessa tese, desenvolvida por Eugen von Böhm-Bawerk (1851-1914), Friedrich von Wieser (1851-1826), Vilfredo Pareto (1848-1923) e Enrico Barone (1859-1924), ver: BARBIERI, Fabio. *História do Debate do Cálculo Econômico Socialista*. Tese de Doutorado. São Paulo: FEA-Universidade de São Paulo, 2004.

das intervenções previstas pelos economistas[5]. Se levarmos a história a sério, podemos constatar que o intervencionismo é a forma de organização social mais comum nas sociedades que se desenvolveram além de um estágio tribal e as consequências das intervenções se repetem regularmente nessas sociedades.

Assim, não apenas a situação presente, mas a história de civilizações passadas convida ao desenvolvimento de uma teoria dos sistemas intervencionistas. Na próxima seção, mostraremos a gênese dessa teoria na crítica de Ludwig von Mises (1881-1973) ao intervencionismo. Na sequência, examinaremos as tentativas posteriores de generalizar a análise de Mises em uma teoria geral do intervencionismo. Na última seção, discutimos alguns elementos dessa teoria que merecem elaboração adicional.

I - A Crítica de Mises ao Intervencionismo

O mérito de retomar a crítica clássica ao mercantilismo, ampliada para uma crítica ao intervencionismo, coube ao economista austríaco Ludwig von Mises. Esse autor estudou diversos aspectos desse sistema econômico, como, por exemplo, o exame da ideologia intervencionista no livro

[5] Robert Schuettinger e Eamonn Butler ilustram as consequências dos controles de preços desde a Babilônia, em: SCHUETTINGER, Robert L. & BUTLER, Eamonn F. *Quarenta Séculos de Controles de Preços e Salários*. São Paulo: Visão, 1988.

The Anti-capitalist Mentality [*A Mentalidade Anticapitalista*][6], de 1956; o estudo da lógica das ações burocráticas na obra *Bureaucracy*[7] [*Burocracia*], de 1944; e no estudo histórico *Omnipotent Government*[8] [*Governo Onipotente*], também de 1944, no qual trata sobre as consequências do intervencionismo, em especial a relação entre protecionismo e guerra, além, é claro, de seus dois trabalhos sobre a economia do intervencionismo, a coletânea *Kritik des Interventionismus* [*Crítica ao Intervencionismo*], de 1929, e o volume *Interventionism: An Economic Analysis* [*Intervencionismo: Uma Análise Econômica*, escrito entre 1940 e 1941, mas publicado postumamente apenas em 1998 por Bettina Bien Greaves.

Em relação as análises da economia do intervencionismo, como nota o próprio autor em suas memórias[9], o seu programa de pesquisa examinou os três sistemas possíveis de cooperação social em sociedades com extensa divisão do trabalho: o liberalismo, o intervencionismo e o socialismo. Os três sistemas são avaliados em termos de sua viabilidade sob o ponto de vista característico da Economia, isto é; indagando se os meios propostos pelos advogados desses

---

[6] MISES, Ludwig von. *A Mentalidade Anticapitalista*. Ed. e pref. Bettina Bien Greaves; apres. F. A. Hayek; pref. Francisco Razzo; posf. Israel M. Kirzner; trad. Carlos dos Santos Abreu. São Paulo: LVM, 3ª ed., 2017.

[7] MISES, Ludwig von. *Burocracia*. Ed. e pref. Bettina Bien Greaves; apres. Jacques Rueff; pref. Alex Catharino; posf. William P. Anderson; trad. Heloísa Gonçalves Barbosa. São Paulo: LVM, 2019.

[8] MISES, Ludwig von. *Omnipotent Government: The Rise of the Total State and Total War*. Ed. e pref. Bettina Bien Greaves. Indianapolis: Liberty Fund, 2011. (N. E.)

[9] MISES, Ludwig von. *Notes and Recollections*. Trad. Hans F. Sennholz. Spring Mills: Libertarian Press, 1978.

sistemas seriam ou não capazes de alcançar os fins propostos pelos seus próprios defensores. As afirmações do autor sobre a racionalidade ou irracionalidade desses sistemas devem ser entendidas tendo em vista esse critério[10].

Depois de mostrar em 1920, no estudo *Die Wirtschaftsrechnung im sozialistischen Gemeinwesen*[11] [*O Cálculo Econômico em uma Comunidade Socialista*], que a aspiração socialista de superar a produtividade das economias de mercado não pode ser realizada devido à impossibilidade do cálculo econômico socialista, Mises publica *Kritik des Interventionismus* [*Crítica ao Intervencionismo*], em 1929, uma coletânea de ensaios que contém o núcleo de sua crítica ao intervencionismo[12]. Segundo essa crítica, tampouco uma forma intermediária de organização social, uma economia que permite propriedade privada em algum grau, mas que seja controlada pelo governo, pode superar o desempenho de uma economia livre. Concretamente, para Mises, as economias americana e da Europa ocidental no século XIX aproximavam o ideal

---

[10] Esse critério é enfatizado em um segundo livro sobre o intervencionismo, escrito em 1940, mas que foi publicado apenas postumamente. Na nova obra, a crítica original é sistematizada e ampliada. Ver: MISES, Ludwig von. *Intervencionismo: Uma Análise Econômica*. Ed. e intr. Bettina Bien Greaves; apres. Murray N. Rothbard; pref. Alexandre Borges; posf. Fabio Barbieri; trad. Donald Stewart Jr. São Paulo: LVM, 3ª ed., 2017

[11] MISES, Ludwig von. *O Cálculo Econômico em uma Comunidade Socialista*. Apres. Gary North; prefs. Fabio Barbieri & Yuri N. Maltsev; intr. Jacek Kochanowicz; posf. Joseph T. Salerno; trad. Leandro Roque. São Paulo: LVM, 2017.

[12] MISES, Ludwig von. *Uma Crítica ao Intervencionismo*. Trad. Arlette Franco. São Paulo: Instituto Ludwig von Mises Brasil, 2010.

liberal, ao passo que as economias do século XX, inclusive a soviética, seriam exemplos de sistemas intervencionistas.

Embora fosse o sistema então dominante, Mises acredita que o intervencionismo, além de não cumprir as promessas de seus defensores, é um sistema inerentemente instável[13]. Para substanciar tal afirmação, precisamos investigar a definição do intervencionismo dada pelo autor. Como na sua crítica ao socialismo, que enfatiza a ausência de propriedade privada dos meios de produção, a crítica ao socialismo foca a análise na interferência governamental na mesma atividade produtiva. Para Mises:

> Intervenção é uma norma restritiva imposta por um órgão governamental, que força os donos dos meios de produção e empresários a empregarem estes meios de uma forma diferente da que empregariam[14].

Ficam de fora da definição aquelas ações governamentais voltadas para preservação da propriedade privada, a estatização de algum setor ou firma específica ou ainda ações governamentais que afetam a demanda ou a oferta de um bem, como subsídios. Essas medidas não afetam diretamente a liberdade de escolha do empresário a respeito dos usos alternativos de seu capital.

Das intervenções que se encaixam na definição, Mises identifica dois grandes grupos: as interferências no sistema de

---

[13] Idem. *Ibidem*. p. 131.

[14] Idem. *Ibidem*. p. 21.

preços, como o estabelecimento de preços máximos e mínimos para um produto e as restrições à produção, que diretamente reduzem ou impedem a atividade produtiva, como proibições de importação ou restrições ao acesso a uma atividade profissional. Como aludimos acima, a definição algo restrita das ações governamentais que definem para o autor o sistema intervencionista está relacionada ao critério de avaliação utilizado. Nos dois casos, as consequências das intervenções seriam opostas ao desejado pelos seus defensores.

No que se refere ao segundo tipo, Mises[15] generaliza a crítica dos economistas clássicos ao protecionismo. Toda restrição à atividade produtiva em última análise impede que os empresários escolham os melhores usos dos meios de produção, reduzindo a produtividade do trabalho. O empobrecimento da população resultante da diminuição da capacidade de produzir riquezas é criticado, devemos repetir, em termos das consequências não intencionais da intervenção, contrárias àquilo que foi desejado. A crítica deixa de fora o caso de governos que adotam proibições com o conhecimento dessas consequências, buscando algum outro objetivo não econômico.

É no segundo tipo de intervenção, porém, que Mises[16] desenvolve a essência da análise austríaca da dinâmica do processo intervencionista. Ao contrário dos controles de

---

[15] Idem. *Ibidem*. p. 21-24. Ver, também, o capítulo 1, "Interferência Via Restrição", da presente obra.

[16] MISES, Ludwig von. *Uma Crítica ao Intervencionismo*. *Op. cit.*, p. 24-29, 123-130. Ver, também, o capítulo 2, "Interferência Via Controle de Preços", da presente obra.

preços que meramente sancionam os valores cobrados nos mercados, os controles genuínos desencadeiam um processo no qual cada intervenção gera consequências não intencionais contrárias ao desejado, provocando novas intervenções. Mises utiliza como exemplo a política de teto de preços para um bem cujo consumo pela população é tido como insuficiente. O preço máximo, fixado abaixo daquele que prevaleceria em mercados livres, faz com que os empresários estoquem o produto, esperando condições melhores de venda. Isso leva o governo a ordenar a liberação compulsória do estoque. Contudo, com o passar do tempo, o preço inferior induz uma redução da produção, resultando em oferta menor do que no início do processo. Seguem-se então esquemas de racionamento dessa quantidade inferior, que procuram garantir melhor distribuição do recurso tornado escasso. A diminuição ao longo do tempo dos estoques por sua vez leva o governo a tentar evitar os prejuízos dos produtores por meio de controles dos preços dos insumos. O mesmo tipo de consequência ocorre nesses mercados, ocorrendo, no entanto, migração do capital investido para outros produtos. Para que o plano inicial funcione, os controles devem se estender em última análise a todo o sistema de preços, inclusive salários.

Esse processo submete o governo a uma escolha: ou o plano original é abandonado e o sistema de preços livres é reestabelecido, ou os controles são ampliados até o limite teórico no qual o governo dirige todo o processo de alocação de recursos, ou seja, adota-se um sistema econômico socialista. Este, por sua vez, não pode funcionar como pretendido, como mostrou o autor em sua tese sobre a impossibilidade do cálculo econômico socialista. Estabelece-se assim a tese sobre a instabilidade do intervencionismo como um sistema econômico: dadas as falhas na lógica de seu funcionamento, este estará sempre tendendo a um sistema livre ou ao socialismo.

A análise misesiana utiliza a análise tradicional das consequências dos controles de preços em mercados competitivos, retirando-a do contexto do equilíbrio parcial para um ambiente mais amplo que poderíamos denominar "desequilíbrio geral", traçando as consequências não intencionais da intervenção por todo o sistema econômico, sempre sob a hipótese de que os fins almejados pela intervenção inicial devam ser perseguidos.

Esta última hipótese é crucial para que se entenda a tese misesiana da instabilidade do intervencionismo. Um desequilíbrio causado por um controle de preços poderia, por exemplo, ser compensado por um subsídio que reduza o preço de algum fator empregado na produção do bem. Embora o financiamento de tal subsídio sem dúvida subtraia recursos de outros mercados, é mais difícil nesse caso traçar a origem do problema até a intervenção original. Uma restrição comercial, por sua vez, embora sem dúvida diminua a riqueza de uma sociedade, pode persistir se essa redução não for atribuída a sua causa original.

Devemos então investigar como o fracasso das intervenções é percebido pela população e como isso afeta as decisões políticas. Para explorar essa questão, devemos complementar a teoria do intervencionismo com hipóteses sobre ideologia. Quanto a isso, Mises nota que o fracasso das medidas intervencionistas é atribuído não às medidas em si, mas à ganância dos empresários, à falta de rigor na aplicação da lei e à corrupção[17].

Como notamos na introdução deste artigo, a identificação automática do mundo real com o sistema capitalista faz com que medidas contrárias aos mercados livres sejam atribuídas aos mesmos:

> É fácil contestar as objeções desse tipo feitas ao sistema capitalista. Bem mais difícil é defendê-lo quando é acusado de ter provocado efeitos que, na realidade, são uma consequência de políticas anticapitalistas. O homem, quando toma o seu café de manhã, não pensa: "O capitalismo trouxe essa bebida até a minha mesa". Mas quando lê nos jornais que o governo do Brasil ordenou a destruição de parte da colheita de café, ele não percebe tal medida como uma intervenção do governo. O que lhe vem à mente é: "É nisso que dá o capitalismo"[18].

Esse fenômeno nos leva a um curioso resultado: no ambiente ideológico descrito acima, quanto maior o fracasso das intervenções, maior será a demanda por mais intervenções. Nesse ponto, Mises aponta um fator que milita contra a instabilidade do intervencionismo[19]. Se a lei que estabelece a intervenção fosse cumprida integralmente, as distorções disso resultantes se manifestariam de forma mais clara, o que colocaria o político diante do dilema entre liberdade e

---

[17] MISES, Ludwig von. *Uma Crítica ao Intervencionismo*. *Op. cit.*, p. 29.

[18] Na presente edição, ver: "Prefácio do Autor". p. XX.

[19] MISES, Ludwig von. *Uma Crítica ao Intervencionismo*. *Op. cit.*, p. 31.

mais controle. Um desabastecimento que seguiria um controle de preços pode, contudo, ser evitado se a lei não for cumprida. A corrupção, desse modo, seria a base do sistema intervencionista.

Resta ainda examinar outro aspecto da tese misesiana sobre a instabilidade do intervencionismo, relacionado à capacidade de financiar indiretamente as distorções causadas pelas intervenções. Para o autor, esse financiamento depende do fundo de reservas que consiste na riqueza tributável da sociedade. Se o intervencionismo leva à destruição de riqueza, a permanência desse sistema seria limitada pelo tamanho do fundo. Quando esse se esgota e os defensores de tal sistema percebem finalmente que as políticas defendidas não são capazes de atingir seus propósitos, o sistema chegaria ao seu fim. Esse raciocínio levou o autor a prever que o fim do sistema intervencionista estaria próximo. Para Mises, "*... a era do intervencionismo está chegando ao fim. O intervencionismo já exauriu todas as suas potencialidades e deverá desaparecer*"[20].

II - O Desenvolvimento da Teoria do Intervencionismo

Embora o intervencionismo tenha historicamente se mostrado mais resistente do que sugere a previsão de Mises, podemos encontrar na análise desse autor todos os elementos

[20] MISES, Ludwig von. *Ação Humana: Um Tratado de Economia.* Trad. Donald Stewart. São Paulo: Instituto Ludwig von Mises Brasil, 2011. p. 965.

necessários para a construção de uma teoria que investigue a dinâmica do sistema intervencionista em termos de ciclos de expansão e contração do tamanho e influência do Estado nas economias.

De fato, as gerações seguintes de economistas austríacos tomaram para si tal tarefa, que contém alguns desafios. Em primeiro lugar, a análise misesiana teria que ser expandida para incluir mais formas de intervenção, generalizando a teoria. Em segundo lugar, a teoria do intervencionismo deveria ser formulada levando-se em conta a teoria austríaca de processo de mercado que se consolidou a partir da década de setenta do século XX. Finalmente, o maior desafio de tal teoria seria explicar por que os sistemas intervencionistas, embora inconsistentes no sentido proposto por Mises, apresentam grande estabilidade. Desse estudo deriva-se uma teoria a respeito da dinâmica de expansão e contração da atividade interventora. Vejamos separadamente cada um desses aspectos.

Em seu exame da evolução da análise misesiana, Don Lavoie (1951-2001) nota que inicialmente Mises constrói sua tese sobre a inviabilidade do sistema utilizando apenas um tipo de intervenção, o controle de preços[21]. Porém, para que o argumento seja convincente, nota o autor, deve-se mostrar que as demais formas de intervenção estatal também são sujeitas a consequências não intencionais indesejáveis[22]. Por isso, ao longo da carreira, aponta Lavoie, Mises incorpora

---

[21] LAVOIE, Don. "The Development of the Misesian Theory of Interventionism". *In*: KIRZNER, Israel (Org.). *Method, Process, and Austrian Economics*. Lexington: Lexington Books, 1982.

[22] Idem. *Ibidem*. p. 172.

novas intervenções, como as restrições de produção, moeda e crédito, até incluir uma análise da tributação e intervenções macroeconômicas em *Ação Humana*. Esta última obra, embora tenha ampliado o escopo da análise, ainda exclui nacionalização de indústrias e os gastos governamentais em geral. A teoria austríaca dos ciclos, além disso, se encaixaria perfeitamente no padrão descrito por Mises de intervenção que desencadeia uma série de distorções que são por sua vez atribuídas aos mercados livres, convidando a mais intervenções.

Don Lavoie observa que as lacunas foram preenchidas por Murray N. Rothbard (1926-1995), cuja contribuição à teoria austríaca do intervencionismo foi justamente buscar sistematizar e generalizar a análise de Mises[23]. Rothbard utiliza, por exemplo, uma definição mais ampla de intervenção. Para o autor, uma intervenção estatal seria toda "... *intrusão de força física agressiva na sociedade; significa substituição da ação voluntária pela coerção*"[24]. Além de refinar os temas já tratados por Mises e incluir discussão sobre estatização e gastos públicos, Rothbard desenvolve uma tipologia de intervenções, distribuídas em três categorias:

1ª) Intervenções autistas, referentes ao comportamento privado (liberdade de expressão, proibição de consumo ou direito a deslocamento das pessoas);

[23] ROTHBARD, Murray N. *Man, Economy and State*. Auburn: Ludwig von Mises Institute, 1993.

[24] Idem. *Ibidem*. p. 766.

2ª) Intervenções binárias, relativas as relações com o Estado (tributação, bens públicos, nacionalização de indústrias);
3ª) Intervenções triangulares, que força ou impede a troca com terceiros (controles de preços, regulações de comércio e contratos, regulações ambientais e de segurança).

Lavoie nota (e Rohtbard reconhece) que a tipologia proposta não permite o rótulo de certas intervenções de forma não ambígua, pois não é possível dissociar algumas intervenções de outras[25]. Assim, certas intervenções binárias são necessariamente associadas a outras triangulares. A despeito disso, a classificação permite cobrir um espectro maior de intervenções. Sanford Ikeda, por sua vez, gostaria que a teoria, originalmente preocupada com o Estado interventor e regulador, incorpore as intervenções relevantes ao surgimento do Estado de Bem-Estar[26].

Robert Bradley Jr., por outro lado, notando que a classificação de Rothbard é estática, propõe em seu lugar uma tipologia que trate do processo intervencionista[27]. Inicialmente teríamos intervenções dormentes e causais, conforme afetam ou não as ações dos agentes econômicos nos mercados. Teríamos também intervenções que iniciam ou não novas

---

[25] LAVOIE, Don. "The Development of the Misesian Theory of Interventionism". *Op. cit.*, p. 178; ROTHBARD, Murray N. *Interventionism: Comment on Lavoie*. *In*: KIRZNER, Israel (Org.). *Method, Process, and Austrian Economics*. Lexington: Lexington Books, 1982.

[26] IKEDA, Sanford. *Dynamics of the Mixed Economy*. London: Routledge, 1997.

[27] BRADLEY JR., Robert. "A Typology of Interventionist Dynamics". *In*: HIGH, Jack (Ed.). *Humane Economics: Essays in Honor of Don Lavoie*. Northampton: Edward Elgar, 2006.

intervenções. O autor distingue ainda as intervenções iniciadoras das consequentes, estas resultantes das primeiras. Sob o ponto de vista do processo, as intervenções podem ser expansionistas, contracionistas ou neutras em relação à quantidade e natureza das intervenções consequentes. Finalmente, o processo interventor apresenta dimensões macroeconômicas e geográficas. Com essa nova tipologia, que o autor utiliza para ilustrar processos regulatórios no setor elétrico, pretende-se enfatizar o estudo da dinâmica do intervencionismo.

Ampliado seu escopo para mais intervenções e relações entre as mesmas, a teoria do intervencionismo deve expor sua análise em termos da moderna teoria austríaca do processo de mercado, enfatizando suas diferenças em relação à análise neoclássica. Em vez de investigar apenas como as intervenções afetam equilíbrios de mercado, a teoria deve indagar como tais medidas diminuem a capacidade de adaptação ao contínuo fluxo de mudanças por parte de agentes que tomam decisões, fora do equilíbrio, com conhecimento disperso e falível[28]. Além de estudar o acúmulo de erros derivado do bloqueio da atividade empresarial[29], as consequências não intencionais das intervenções são explicadas em termos da ausência de um mecanismo de correção de erros das hipóteses utilizadas pelos reguladores. Isso nos ajuda a explicar a lógica das intervenções consequentes expansionistas sem apelar

---

[28] HAYEK, F. A. *Individualism and Economic Order*. Chicago: The Chicago University Press, 1980.

[29] KIRZNER, Israel. *Competição e Atividade Empresarial*. Rio de Janeiro: Instituto Liberal. 1986.

para a hipótese de reguladores auto-interessados, como é feito pelos economistas da Escola da Escolha Pública.

Finalmente, a moderna teoria do intervencionismo deve tratar da previsão misesiana sobre o fim eminente do intervencionismo, refutada historicamente. A validade de tal previsão depende de dois aspectos que devemos discutir. Em primeiro lugar, depende da própria definição estrita de intervencionismo proposta por Mises. Como já mencionamos, se levarmos em conta ouros tipos de intervenção não considerados inicialmente por Mises, como querem críticos como Lavoie, a previsão pode ser adiada. A reação em cadeia causada por um controle de preços, por exemplo, pode ser parada pelo subsídio ao preço de algum fator produtivo, aumentando sua oferta e reduzindo seu preço, deslocando para a direita a oferta do bem cujo preço foi inicialmente fixado. Nesse caso, a intervenção implica em um custo mais indireto e remoto no tempo, que se manifesta como problemas macroeconômicos, quando o subsídio e os demais aumentos de gastos públicos derivados de outras medidas intervencionistas pressionam as finanças públicas. Aqui, o adiamento do esgotamento do fundo de reservas depende crucialmente da capacidade de inovação do segmento do mercado ainda livre. Aumentos de produtividade nesse segmento podem aumentar tal fundo, adiando a previsão.

Em segundo lugar, a previsão depende crucialmente do critério de avaliação racionalista utilizado por Mises: as intervenções geram efeitos opostos aos desejados pelos seus proponentes. Mas se os custos da intervenção forem distribuídos ao longo do tempo, eles serão atribuídos à economia livre, não ao intervencionismo, como notou o próprio autor. O mais importante é notar que os objetivos iniciais da intervenção serão perdidos de vista, pois o processo regulador não é conduzido sempre pelas mesmas pessoas e pelos mesmos órgãos públicos. A previsão sobre o fim do intervencionismo depende assim da capacidade (e vontade) do agente público de perceber o nexo causal entre as intervenções e suas consequências.

A previsão de Mises dependeria, em última análise, da fé no poder da razão de prevalecer no longo prazo. Mais de meio século depois de enunciada a previsão de Mises, porém, ainda vivemos em um sistema intervencionista e as consequências das intervenções são ainda atribuídas a supostos mercados livres, como atesta a interpretação usual sobre a crise econômica iniciada em 2008. A teoria austríaca do intervencionismo deveria, portanto, substituir o racionalismo misesiano pela abordagem mais cética proposta por Friedrich August von Hayek (1899-1992)[30].

O trabalho moderno mais importante sobre o intervencionismo foi escrito por Ikeda, que reformulou em seu livro a teoria austríaca do intervencionismo[31], incorporando os três elementos discutidos acima: a ampliação do escopo da análise, o uso da teoria de processo e o fornecimento de uma explicação para a tenacidade do intervencionismo.

Abandonada a hipótese implícita de coerência interna das ações governamentais, abre-se caminho para uma

---

[30] HAYEK, F. A. *Lei, Legislação e Liberdade*. São Paulo: Visão, 1985. Vol. I, cap 1.

[31] IKEDA, Sanford. *Dynamics of the Mixed Economy*. *Op. cit.*

explicação da permanência do intervencionismo, a despeito de suas falhas inerentes. Para Ikeda, o sistema intervencionista pode ser descrito como uma ordem espontânea hayekiana[32]. Nessa visão, o reconhecimento das consequências não intencionais da ação humana deve ser acompanhado da descrição de um mecanismo de retroalimentação que confere robustez ao sistema. Um processo intervencionista expansionista se depara de fato com um desacelerador causado pelo acúmulo de erros gerado pelo processo, que se manifesta geralmente na forma de crises macroeconômicas. O acúmulo de consequências não intencionais indesejáveis tende a esgotar o fundo de reservas e diminuir a eficácia de novas políticas interventoras, reduzindo a margem de manobra do interventor e aumentado a percepção de falha de governo, criando condições para reformas liberalizantes. No limite, o crescimento do Estado é limitado pela tese da impossibilidade do cálculo econômico socialista.

Um processo intervencionista contracionista, por sua vez, se desacelera depois que as primeiras reformas aliviem a situação fiscal do Estado e depuram parte dos erros do processo expansionista. Em especial se as reformas forem parciais, as consequências não intencionais das escolhas governamentais podem levar à retomada do processo expansionista. Ikeda poderia explicar tal desaceleração pela ação de grupos de interesses operando sob decisão coletiva e hipótese de eleitor racionalmente ignorante, como na análise da Escola da Escolha Pública. O caminho escolhido, contudo, foi isolar esse

[32] Idem. *Ibidem*. p. 145.

tipo de efeito de uma explicação hayekiana, que supõe, para fins de argumentação, benevolência por parte do interventor e mesmo assim resulta em falhas de governo, derivadas do problema do conhecimento. Mas, supondo um aprofundamento do processo contracionista, nos deparamos com o limite imposto pela instabilidade do Estado mínimo. Para Ikeda, ao contrário do que acredita Mises, os erros derivados da provisão de bens públicos em um Estado mínimo podem por em marcha um processo interventor expansionista[33].

Ikeda constrói dessa forma uma teoria de ciclos intervencionistas. Tal teoria não deve ser interpretada no sentido de que a expansão e contração do Estado passa por fases de período definido e repetido ou que o nível médio de intervenção durante um ciclo completo seja estacionário. Robert Higgs, por exemplo, investiga historicamente a expansão do Estado no século XX, argumentando por um aumento gradual do tamanho do Estado impulsionado por crises, como guerras e recessões: a contração do Estado posterior a tais crises resulta em patamar de intervenção superior a antes da crise[34]. Se tal tese se estabelecer como um padrão, devemos investigar mais a fundo essa assimetria entre as fases expansionista e contracionista do ciclo.

Em vez de proposta de ciclos regulares, a teoria dos ciclos de Ikeda deve ser vista como explicação da tenacidade do sistema intervencionista por meio da descrição de uma ordem

---

[33] Idem. *Ibidem*, capítulo 6.

[34] HIGGS, Robert. *Crises and Leviathan: Critical Episodes in the Growth of American Government*. Oxford: Oxford Univerity Press, 1987.

espontânea. Tal ordem contém forças que tendem a afastar o sistema econômico dos limites liberais e socialistas. Outras previsões de padrão derivados da noção hayekiana de ordem, apresentados por Ikeda[35], são a tendência de surgimento de crises micro e macroeconômicas, sendo algumas destas pontos de inflexão do ciclos. Essas crises macro ocorrem perto do limite superior do ciclo e as fases contracionistas são mais curtas que as expansionistas.

Resta discutir o papel da ideologia no ciclo intervencionista. A ideologia é crucial para o estudo do padrão de resposta (liberalizante ou controladora por parte do regulador diante dos efeitos das intervenções ao longo do processo interventor. Ikeda[36] prefere um modelo de alteração das preferências políticas que seja endógeno à sua teoria. Partindo de uma preferência política exógena, supõe-se algo como uma taxa marginal de substituição decrescente entre ação privada e ação pública conforme o Estado cresce: quanto maior o Estado, maior a percepção de suas falhas e vice-versa, afetando a aceitação de novas intervenções. Com a adoção dessa hipótese simplificada, reforça-se no modelo as forças que fazem com que a dinâmica do intervencionismo de afaste dos limites de Estado mínimo e máximo, gerando a estabilidade do sistema observada historicamente.

---

[35] IKEDA, Sanford. *Dynamics of the Mixed Economy*. *Op. cit.*, p. 145.

[36] Idem. *Ibidem*. p. 115.

III - O Futuro da Teoria do Intervencionismo

A teoria austríaca dos ciclos intervencionistas, sistematizada por Sanford Ikeda, nos convida a imaginar vários desenvolvimentos que complementam a análise. Vejamos alguns deles. O primeiro se refere ao aspecto ideológico que acabamos de apresentar. Embora uma teoria endógena da mudança ideológica seja sem dúvida atraente, já existe entre os austríacos explicação (exógena) convincente sobre as preferências por formas coletivistas de organização social que poderiam ser utilizadas para explicar tanto a persistência do intervencionismo quanto a assimetria entre as fases expansionista e contracionista do ciclo.

F. A. Hayek, na fase final de sua carreira, investiga precisamente a raiz da mentalidade estatista[37]. Esta, que dá suporte tanto ao socialismo no plano ideal quanto ao intervencionismo no plano mais concreto, é explicada em termos do conflito entre as regras impessoais e abstratas de conduta, exigidas pelo alto grau de complexidade do problema de coordenação nas sociedades desenvolvidas e a moral personalista, herdada por evolução cultural durante o passado tribal da humanidade.

Para Hayek, o conjunto de normas compatíveis com uma economia de mercado contraria não apenas o instinto, mas também o racionalismo construtivista, que ignora os limites do conhecimento humano e só aceita como racional

[37] HAYEK, F. A. *Lei, Legislação e Liberdade*. *Op. cit.*; Idem. *The Fatal Conceit: The Errors of Socialism*. Chicago: The Chicago University Press, 1988.

aquilo que foi conscientemente planejado. Assim, explica-se a tendência, diante de um problema econômico, a exigência de soluções calcadas em planos baseado em comando central, sem que seja feita investigação prévia sobre as origens do problema nos incentivos gerados por algum conjunto de regras.

Quão endógenas as preferências ideológicas podem se tornar dependerá, portanto, do problema de estabelecer em que medida a mentalidade tribal é herança cultural ou algo inerente à natureza humana.

Além do aspecto ideológico, existem outros fatores relacionados à assimetria entre as fases do ciclo que merecem consideração. Esses fatores estão associados ao fato de que o processo de expansão do Estado envolve custos crescentes do abandono das políticas intervencionistas, de forma que essa expansão implica em uma espécie de seguro contra sua reversão. O primeiro e mais óbvio desses fatores é a formação privilégios associados ao aumento da parcela da riqueza alocada sob critérios políticos e não econômicos. Uma vez formados grupos de interesse cuja renda depende do aparato estatal, maior será a resistência a reversões da política, a despeito do reconhecimento das reais causas envolvidas.

O segundo é derivado na natureza subjetiva do conceito de custo: quanto mais os recursos são alocados centralmente em algum setor, mais difícil se torna imaginar como tais recursos seriam alocados sob regime mais liberal. Também no debate das ideias, o monopólio bloqueia o processo de descoberta empresarial. Em terceiro lugar, o enfraquecimento da imaginação de alternativas mina a confiança dos agentes na capacidade de agir por si mesmos.

Em quarto lugar, o deslocamento dos mercados pelo Estado destrói o conhecimento prático dos agentes, necessário para a operação dos mercados. Como a reconstrução desse conhecimento não é instantâneo, reformas contracionistas tomam tempo para surtir efeito, tempo esse no qual o capital político do reformista deprecia.

Esse efeito é ilustrado pelo fracasso das reformas liberalizantes empreendidas por Anne Robert Jacques Turgot (1727-1781) quando ministro das Finanças de Luís XVI (1754-1793). Antes das reformas, os mercados de comercialização de grãos eram fortemente regulados. Os privilégios monopolísticos concedidos a empresas regionais e as regulações que impediam de vários modos a concorrência resultaram em escassez e preços altos para o pão. A liberação dos preços e suspensão dos privilégios, no entanto, não surtiram efeitos imediatos: os preços altos e escassez se acentuaram[38].

Étienne Bonnot de Condillac (1715-1780), examinando o episódio, aponta para o efeito que acabamos de listar[39]. Para o autor, os mercados não se organizam instantaneamente. De maneira "austríaca", o autor salienta a importância do fator tempo nos processos produtivos. Em particular, o funcionamento dos mercados requer formação de capital físico, da

---

[38] ELTIS, W. "France's free market reforms in 1774-6 and Russia's in 1991-3: The immediate relevance of L'Abbé de Condillac's analysis". *The European Journal of the History of Economic Thought*, 1:1, 1993.

[39] CONDILLAC, Étienne Bonnot de. *Commerce and Government*, Londres: Edward Elgar, 1997. Parte II, caps. 12 ao 15.

formação de rede de contatos comerciais e de um processo hayekiano de aprendizado que demanda tempo. Enquanto isso, operam os fatores que fazem com que os problemas sejam dissociados de suas causas originais e a crise atribuída a própria reforma. O abandono desta, contudo, não impediu que o problema surgisse de forma mais grave no futuro.

Essa ilustração histórica nos leva ao próximo elemento que deve ser levado em conta no desenvolvimento da teoria do intervencionismo: a discussão das estratégias a serem adotadas na fase contracionista do ciclo. Em essência, essa discussão deve incorporar o estudo do dilema entre terapia de choque e gradualismo, estudado teórica e historicamente no contexto da transição do socialismo para economia de mercado nos países do leste europeu. Além disso, a teoria pode se beneficiar de *insights* derivados de outros estudos históricos que relatam sucesso ou fracasso nas reformas.

Por fim, a teoria deve se relacionar a história no sentido inverso: deve-se utilizar a teoria dos ciclos intervencionistas para explicar os episódios de ascensão e declínio de civilizações passadas. O principal desafio dessa tarefa consiste no viés imposto pelo fato de que os documentos, monumentos e evidências tendem a fazer referência apenas as fases expansionistas do ciclo interventor, negligenciado os períodos marcados por pujança comercial.

Os aspectos aqui apontados como relevantes para o desenvolvimento da teoria dos ciclos intervencionistas, voltados a um maior entendimento de sua fase contracionista, nos sugerem uma previsão sobre o futuro da teoria. Esta deverá assumir a forma de uma teoria mais geral que explique a dinâmica de crescimento do Estado segundo uma lógica semelhante à de um modelo biológico de parasitismo, no qual o crescimento do parasita é restrito pela diminuição da capacidade de sobrevivência do hospedeiro (o fundo de reserva). A fase contracionista do ciclo, por sua vez, deverá investigar em que medida as estruturas do parasita se misturam com as do hospedeiro, dificultando sua remoção.

Índice Remissivo e Onomástico

G

H

K

L

M

N

O

P

Q

R

A trajetória pessoal e o vasto conhecimento teórico que acumulou sobre as diferentes vertentes do liberalismo e de outras correntes políticas, bem como os estudos que realizou sobre o pensamento brasileiro e sobre a história pátria, colocam Antonio Paim na posição de ser o estudioso mais qualificado para escrever a presente obra. O livro *História do Liberalismo Brasileiro* é um relato completo do desenvolvimento desta corrente política e econômica em nosso país, desde o século XVIII até o presente. Nesta edição foram publicados, também, um prefácio de Alex Catharino, sobre a biografia intelectual de Antonio Paim, e um posfácio de Marcel van Hattem, no qual se discute a influência do pensamento liberal nos mais recentes acontecimentos políticos do Brasil.

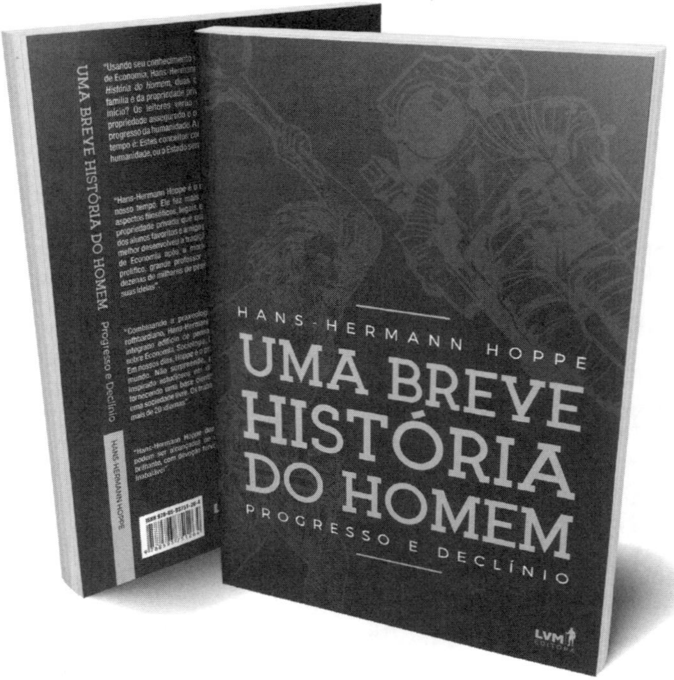

Uma Breve História do Homem: Progresso e Declínio de Hans-Hermann Hoppe, em um primeiro momento, narra as origens e os desenvolvimentos da propriedade privada e da família, desde o início da Revolução Agrícola, há aproximadamente onze mil anos, até o final do século XIX. O surgimento da Revolução Industrial há duzentos anos e análise de como esta libertou a humanidade ao possibilitar que o crescimento populacional não ameaçasse mais os meios de subsistência disponíveis são os objetos da segunda parte. Por fim, no terceiro e último capítulo, o autor desvenda a gênese e a evolução do Estado moderno como uma instituição com o poder monopolístico de legislar e de cobrar impostos em determinado território, relatando a transformação do Estado monárquico, com os reis "absolutos", no Estado democrático, com o povo "absoluto".

Visando cumprir parte da missão almejada pela LVM Editora de publicar obras de renomados autores brasileiros e estrangeiros nas áreas de Filosofia, História, Ciências Sociais e Economia, a Coleção Protoaustríacos lançará em português inúmeros trabalhos de teólogos, filósofos, historiadores, juristas, cientistas sociais e economista que influenciaram ou anteciparam os ensinamentos da Escola Austríaca Economia, além de estudos contemporâneos acerca dos autores que, entre a Idade Média e o século XIX, ofereceram bases para o pensamento desta importante vertente do liberalismo.

Dos Protoaustríacos a Menger
Uma Breve História das Origens da Escola Austríaca de Economia
Ubiratan Jorge Iorio
LVM

Liberdade, Valores e Mercado são os princípios que orientam a LVM Editora na missão de publicar obras de renomados autores brasileiros e estrangeiros nas áreas de Filosofia, História, Ciências Sociais e Economia. Merecem destaque no catálogo da LVM Editora os títulos da Coleção von Mises, que será composta pelas obras completas, em língua portuguesa, do economista austríaco Ludwig von Mises (1881-1973) em edições críticas, acrescidas de apresentações, prefácios e posfácios escritos por especialistas, além de notas do editor.

Caos Planejado foi lançado pela primeira vez em 1947. O título vem da descrição de Ludwig von Mises sobre a realidade do Intervencionismo e do Socialismo, tanto em suas variantes nacionalistas, representadas pelo Nazismo e pelo Fascismo, quanto pelo internacionalismo comunista. No lugar de criar uma sociedade ordenada, as tentativas de planejamento estatal têm gerado apenas o caos. A obra é um profundo ataque a todas as formas de controle governamental, totalitário ou democrático, que marcaram o panorama século XX. Nesta versão em português, além dos prefácios de Leonard E. Read e de Christopher Westley, foram inclusos Richard M. Ebeling, Bruno Garschagen e Ralph Raico.

O *Marxismo Desmascarado* reúne a transcrição das nove palestras ministradas, em 1952, por Ludwig von Mises na Biblioteca Pública de São Francisco. Em seu característico estilo didático e agradável, o autor refuta as ideias marxistas em seus aspectos históricos, econômicos, políticos e culturais. A crítica misesiana ressalta não apenas os problemas econômicos do marxismo, mas também discute outras questões correlatas a esta doutrina, como: a negação do individualismo, o nacionalismo, o conflito de classes, a revolução violenta e a manipulação humana. Nesta edição, além da introdução original de Richard M. Ebeling, foram inclusos uma apresentação de Erik von Kuehnelt-Leddihn, um prefácio de Antonio Paim e um posfácio de Murray N. Rothbard.

Acompanhe a LVM Editora nas Redes Sociais

https://www.facebook.com/LVMeditora/

https://www.instagram.com/lvmeditora/

Esta obra foi composta pela Spress em
Fournier (texto) e Caviar Dreams (título) e impressa
pela Geográfica para a LVM em dezembro de 2018.